치우천왕의 부활

2

치우천왕의 부활 2

초판 1쇄 2015년 08월 15일

지은이   태라 전난영
발행인   김재홍
디자인   박상아, 이슬기
마케팅   이연실

발행처   도서출판 지식공감
등록번호 제396-2012-000018호
주소   경기도 고양시 일산동구 견달산로225번길 112
전화   02-3141-2700
팩스   02-322-3089
홈페이지 www.bookdaum.com

가격   18,000원
ISBN   979-11-5622-105-0 04210
SET ISBN 979-11-5622-103-6 04210

CIP제어번호 CIP2015020030
        이 도서의 국립중앙도서관 출판시 도서목록(CIP)은 e-CIP 홈페이지(http://www.nl.go.kr/ecip)에서 이용
        하실 수 있습니다.

ⓒ 태라 전난영 2015, Printed in Korea.

- 이 책은 저작권법에 따라 보호받는 저작물이므로 무단전재와 무단복제를 금지하며, 이 책 내용의 전부 또는 일부를 이용
  하려면 반드시 저작권자와 도서출판 지식공감의 서면 동의를 받아야 합니다.
- 파본이나 잘못된 책은 구입처에서 교환해 드립니다.
- '지식공감 지식기부실천' 도서출판 지식공감은 창립일로부터 모든 발행 도서의 2%를 '지식기부 실천'으로 조성하여 전국
  중·고등학교 도서관에 기부를 실천합니다. 도서출판 지식공감의 모든 발행 도서는 2%의 기부실천을 계속할 것입니다.

치우천왕의 부활

환인, 환웅, 치우, 마고, 단군, 잊혀졌던
한민족의 신들이 이 땅위에서 새롭게 부활한다

2

지은이 타라 전난영

지식공감

지구여신은 아나톨리아에 수많은 이름으로 알려졌다.

인안나, 이쉬타르, 아스타롯, 아스타르테, 아세라,

아데나, 아프로디테, 비너스, 키벨레……

아버지는 해(태양)이고 어머니는 해(海)이다.

그래서 어머니는 물동이에 해를 담고 다닌다.

서문

　이 책은 인류 문명이 하나의 뿌리에서부터 출발한다는 명제를 놓고 그 뿌리와 흔적을 찾아들어가는 책이다. 그렇다고 역사를 연구한 책은 아니다. 한마디로 표현하자면, 역사 이면에 숨겨진 영적인 측면을 다룬 책이다. 보이지 않는 세상과 보이는 세상 그리고 그 이면에 숨겨진 코드를 찾아들어가는 책이다. 또한, 인류를 움직이는 전체 흐름을 살펴보고, 인간의 집단 무의식속에 담겨있는 인류의식이 어디로 향해 흘러가고 있는지, 상징과 코드로 살펴본 역사의 이야기이다. 이 책은 받아들이는 사람에 따라 어떤 이에겐 영감을 주는 책이 될 수도 있고, 어떤 이에겐 다소 어려움을 느끼는 책이 될 수도 있다. 옛날이야기나 신화의 이야기를 듣듯, 이 책을 읽어나갔으면 한다.
　치우천왕의 부활 1권에서는 우리에게 잊혔던 신들을 되살리고 왜곡의 역사가 어떻게 시작되어왔는지를 살펴보았다면, 2권에서는 문명의 뿌리에서 나온 가지들을 찾아나가는 과정이 될 것이다.

　이번 문명은 지구 최초문명이 아니다. 수억 년의 시간 동안, 지구에서는 계절의 순환처럼 문명의 순환이 있었다. 역사 속 문명이 피고 지고를 반복하는 것처럼, 커다란 문명의 주기에 있어서 우리의 인류문명은 제3의 문명에 해당된다.

종교나 뉴에이지 단체에서 나오는 수많은 채널 내용을 종합해 보았을 때, 인간형 인류가 일구어 온 문명의 시작은 무대륙(Mu大陸)으로부터 출발한다. 무대륙(Mu大陸) 멸망 이후, 아틀란티스와 레무리아 문명이 지구상에 터전을 마련하였고, 정신문명을 일군 레무리아와 물질문명을 일군 아틀란티스가 서로 전쟁을 벌였으며, 결국 두 개의 문명은 완전히 가라앉고 말았다. 두 문명의 통합과 지구적 카르마 해소를 위해 제3의 문명이 유라시아 대륙에 새롭게 탄생하게 된다. 그 문명이 바로 '환'문명이다.

각종 뉴에이지 단체들에게 레무리아와 아틀란티스 문명은 잘 알려졌지만, 환문명은 그다지 알려지지 않았다.

환문명은 철저히 비밀에 감추어진 듯 보인다. 레무리아와 아틀란티스는 서양의 채널러들에 의해 확립된 문명이다. 반면에 환문명은 채널을 통한 접촉이 아니라 직관과 통찰을 통한 이해이며, 수많은 사람들의 가슴 속에 기억코드로 남아있다.

환문명이 새롭게 시작되면서 북두칠성의 개입이 이루어졌고, 북두칠성은 지구학교의 깨달음 교사로, 우주적 카르마를 종식할 영적 스승으로 지구에 찾아왔다.

환문명 초기 환웅은 무대륙(Mu大陸)의 후예이자 지구여신의 에너지를 품고 있던 마고족의 후예와 결혼동맹을 통해서 지구에 정착할 수가 있었다. 이것이 우리가 알고 있는 환웅과 웅녀의 이야기이다.

세 번째 환문명이 시작되면서 아틀란티스와 레무리아의 잔존 세력들도 모두 환문명으로 들어오려 하였다. 이후 환문명은 아틀란티스와 레무리아의 카르마를 받아들이면서 서서히 기울기 시작했으며, 파란만장한 문명 카르마의 소용돌이 속으로 빠져들게 되었다.

태평양의 무대륙(Mu大陸), 대서양의 아틀란티스나 인도양의 레무리아 문명의 잔존 세력들은 중원대륙에 위치한 환문명의 주도하에 세 번째 문명을 맞이하게 되었다. 환문명 5천 년의 시간 동안 인류는 커다란 배움의 주기에 들어섰다.

환문명이 정신문명이라면, 물질의 판이 시작된 단군시대부터 고조선 문명이 시작되었다. 고조선은 환문명의 정신적 바탕 위에 세워진 초고대국가이다. 즉 환인, 환웅의 맥이 단군조선으로 이어졌고, 이 고대국가를 '쥬신'이라고 부른다.

광개토대왕의 일대기를 다룬 드라마 《태양사신기》라는 드라마에는 '쥬신의 별'이 등장한다. 쥬신의 별, 쥬신의 왕이라는 표현을 하곤 하는데, 쥬신이라는 말은 고조선의 옛 발음이라는 것을 알게 되었다. 《대쥬신을 찾아서》라는 책을 보면 '쥬신'에 대해 다음과 같이 정의 하고 있다.

과거 한국인들을 부르는 명칭이 매우 다양했지만 그 발음이 조선, 숙신, 직신 등이 많고 그것의 대표 발음을 '쥬신'이라고 보고 있다. 즉, 쥬신이란 천손족이라는 의식을 가지고 있으며 태양을 숭배하고 금속을 잘 다루는 민족 집단을 의미하며, 지리적으로는 몽골, 만주, 한반도, 일본 열도 등에 거주하는 사람들을 말한다.

쥬신의 별은 북극성을 말한다. 북쪽 중앙에 정좌한 별로 북극의 중심자리를 차지하고 있는 별이다. 북극성을 보좌하는 북두칠성은 예로부터 숭배되어오던 별자리이다. 북극은 환인을 상징하고, 북두칠성은 환웅을 상징한다. 쥬신의 별이란, 우주 중심 북극에 정좌한 환인과 환웅의 상징이 담겨있는 별을 뜻한다. 이 별은 우리의 가슴속에 잠들어있었으나, 이 쥬신의 별이 한반도에서 다시 떠오를 준비를 하고 있다.

한반도에 태어난 이들 중에는 환문명의 시초를 연 천손족(天孫族)들이 대거 포함되어 있다. 마찬가지로 아틀란티스와 레무리아의 기억코드를 가지고 있는 이들도 한반도에 들어와 있다. 그 이유는 마지막 인류 해원의 장이 한반도에서 펼쳐지기 때문이다.

아틀란티스와 레무리아가 해결하지 못했던 정신문명과 물질문명의 통합은 환문명의 천손족(天孫族)이 이루어야 할 사명이기도 하다. 따라서 치우천왕의 부활은 한민족 코드를 가지고 있는 사람들의 내면 기억코드를 일깨워, 각자 자신의 미션과 자신의 역할을 다할 수 있도록 안내하기 위한 글이 될 것이다.

치우천왕의 부활은 역사적 진실이냐, 거짓이냐, 년도가 몇 년이냐, 실제냐, 가짜냐를 따지는 나열식의 역사 교과서가 아니라, 각자 내면의 불꽃을 일으키기 위한 글이다.

서양 물질문명에 눌린 우리 한민족의 정신문명이 꽃필 날이 얼마 남지 않았다. 한민족에게는 세계의 지식을 통합하고 세계의 문명을 아울러, 물질과 정신을 통합할 새로운 문명을 일구어야 하는 역사적 사명이 주어졌다.

치우천왕의 부활 2권에서는 흑해를 중심으로 지구여신의 수호자인 스키타이와 하자르 그리고 이집트와 유럽문명에 대해 알아보려 한다. 여러 문명 속에 담긴 의미와 상징을 파악하고, 더 나은 문명, 더 나은 세상을 만들고자 하는 미래의 지도자들에게 조금이라도 도움이 되길 바라며, 망상의 산물이 될 수도 있었던 생각들이 단 한 사람 혹은 어떤 이에게는 가슴을 두드리는 북이 되었으면 하는 바람으로 이 책을 적는다.

-태라 전난영-

contents

서문 — 6

Chapter 01 ····· 알타이 아버지와 흑해 어머니

<u>01</u> 알타이 아버지와 흑해 어머니 — 21

<u>02</u> 서쪽으로 간 마녀와 늑대인간 — 24
    잿빛 푸른 늑대의 전설 / 지구여신의 보디가드

<u>03</u> 늑대의 후예 아틸라 (백인은 노예였다) — 28
    훈제국의 아틸라 / 백인은 용병 노예였다 / 로마는 훈제국에 조공을 바쳤다

Chapter 02 　스키타이는 서쪽의 쥬신제국

01 대한〈쥬신(朝鮮)제국〉문명의 맥 — 37

02 세계 네트워크망을 가지고 있던 스키타이 — 39
　　스키타이는 연합국이다 / 스키타이 왕족의 분열

03 서쪽의 쥬신(朝鮮)제국 '스키타이' — 42
　　스키타이인의 혼혈과 특징 / 고대로부터 지배계층은 검은 머리였다

04 사카족-환인의 후예, 붓다로 세상에 나오다 — 46
　　왕족 스키타이와 신라 / 환인의 후예와 환웅의 후예

05 사카족의 고향, 아프가니스탄 — 51
　　조로아스터의 고향, 아프가니스탄 / 옹족 스키타이, 아프가니스탄으로 들어가다 / 성지의 땅, 아프가니스탄

06 스키타이/흉/훈(Huns) — 58
　　흉이 상징하는 의미 / 사슴과 늑대코드

07 아리안의 뿌리는 흉/훈이다 — 63
　　나치는 왜 아리안을 끌어왔는가? / 아리안의 정의는?

08 미다스 손과 자유의 상징 [프리기아 모자] — 68
　　프리기아인은 장인 스키타이 / 미다스 손과 '임금님 귀는 당나귀 귀' / 프리기아(Phrygia) 모자란? / 프리기아의 여신 키벨레(Cybele)

Chapter 03 　환생과 카르마

01 환생과 카르마 — 77
환생이란? / 왜 환생하는가? / 육체의 환생 상태는 어떻게 결정하는가? / 카르마는 반복된다 / 왜 전생을 기억하지 못하는가? / 좋은 카르마, 나쁜 카르마

02 영적 존재와 사념 — 85
귀신은 무엇인가? / 귀는 인간의 몸에 기생한다 / 사념체란 무엇인가? / 귀와 사념이 결합된 조직 / 나의 주체성을 찾아야 한다

Chapter 04 　흉/훈과 게르만족

01 의식의 전환점에 단군, 석가, 예수가 있었다 — 93

02 흉/훈의 로얄 패밀리 '아시나(Ashina)' — 96
문명의 전달자–하자르 / 아시나(Ashina)·아세나(Asena)

03 투르크계 하자르 유대인이 세운 소비에트공화국 — 101
루시계와 하자르계의 권력다툼 / 제3의 로마–루시 / 하자르의 후예–카자크, 카자르, 소련

04 레닌의 볼셰비키 혁명 — 108
혁명의 시작–레닌 / 강탈당한 혁명 / 스탈린식 공산주의 / 히틀러와 스탈린의 인종청소 / 하늘이 땅이 되고, 땅이 하늘이 된 세상

05 신성로마제국과 오스트리아-헝가리제국 — 115
서양 인종 분류 / 로마를 흡수한 백인 바바리안 / 로마를 계승한 신성로마제국의 탄생 / 오스트리아–헝가리 제국의 탄생

06 게르만족 그리고 율리우스 카이사르 ― 123
서유럽의 조상 게르만족 / 로마인은 어디로 갔을까 / 게르만족의 조상은 그리스인이 아니다

07 쥬신제국의 다물군〈스파르타〉 ― 129
스파르타와 다물군 그리고 북한 / 스파르타와 북한의 공통점 / 시대적 가치나 이상은 변한다

Chapter 05 …… 르네상스와 이집트

01 메로빙거 왕조와 켈트족 ― 139
베냐민 지파-막달라 마리아-메로빙거 왕조 / 유대계 메로빙거 왕조와 켈트의 연대

02 앵글로 색슨계 vs 게르만계 [말벌의 습격] ― 143
유럽의 종족과 패권 / WASP 말벌의 습격

03 메로빙거 왕조와 메리 스튜어트 ― 146
모계상징-메로빙거 왕조 / 유럽의 중심에는 막달라 마리아가 였었다 / 애증의 관계-메리 스튜어트와 엘리자베스 1세

04 르네상스와 이집트 ― 152
문명의 눈을 뜬 시기〈르네상스〉 / 헤르메스와 이집트 마법

05 이집트는 배달 한극의 제후국이었다 ― 158
서쪽의 관문 '이집트' / 문명의 전환기

06 그리스로 이동한 이집트의 아멘 대사제단 ― 164
신의 아들, 단군과 호루스 / 이집트의 상징은 무대륙으로부터 왔다 / 아멘신(숫양)과 아텐신(태양) / '아멘'은 이집트 '아멘신'에 대한 찬미를 뜻한다 / 아멘의 대사제단 그리스로 이동하다 / 아멘신의 아들 '알렉산더 대왕'

Chapter 06 ····· 빛은 동방에서

01 장미십자회와 일루미나티 [빛은 동방에서] — 177
세상에 드러난 비밀조직 / 영계조직 프리메이슨 / 장미십자회와 다마스쿠스 / 장미십자회의 가르침은 아랍 신비주의로부터 시작되다 / 일루미나티의 후원자는?

02 이슬람 그리고 문명의 혈자리 — 185
문명에 대한 편견과 오해 / 동방과 서방을 잇는 다리-이슬람 종교 / 고대문명의 혈 자리〈이란, 이라크〉 / 이라크〈수메르, 바빌론, 아시리아문명〉 / 이란〈페르시아 제국〉

Chapter 07 ····· 치우천왕과 아수라 백작

01 아리안의 전쟁 [조로아스터교와 힌두교] — 197
환웅의 상징 卍과 ਯ / 브라만(사제계급)과 크샤트리아(무사계급)의 전쟁 / 조로아스터교와 힌두교

02 아후라마즈다와 하늘황소 — 202
아후라마즈다의 탈을 쓴 '아수라백작' / 북두칠성의 미카엘-환웅 / 하늘 황소(치우천왕)의 부활

03 치우천왕과 아수라 백작 — 206
크샤트리아는 환웅을, 브라만은 환인을 / 못생긴 치우천왕과 잘생긴 아수라 백작

04 조로아스터교와 마니교 그리고 소그드인 — 210
동방박사는 조로아스터교의 현자 '마기' / 조로아스터교를 잇는 마니 / 조로아스터교와 마니교의 전달자 '소그드인' / 서쪽으로 보낸 결사대-늑대코드

05 서쪽의 켈트와 동쪽의 가야 [킴메르와 가야] — 216
크샤트리아의 의식전쟁 / 붉은 머리-킴메르 / 킴메르인과 가야 / 서쪽으로 간 켈트, 동쪽으로 간 가야

Chapter 08 ····· 일월오봉도와 쥬신제국

01 일월오봉도와 대쥬신의 영토 — 225
일월오봉도와 왕(王) 그리고 프리메이슨 상징 / 대한·쥬신의 영토는 중동을 포함한 대륙 전체다

02 광무황제의 역할과 대한제국 — 230
황제국의 이동—대한제국 선포 / 국기의 방향과 힘의 역학

03 고려인과 조선인 — 237
한국 뿌리를 가지고 있는 사람들 / 고려계, 조선계 / 신라의 후예, 금나라 / 알타이 무사계급과 스키타이 샤먼계급

04 무당의 나라 한국, 무사의 나라 북한 — 243
대한민국은 '무당의 나라'이다 / 북한은 '무사의 나라'이다 / 무당과 무사는 巫당 武사

치우천왕의 부활을 마치면서 — 248

Chapter 01

알타이 아버지와 흑해 어머니

알타이 산맥의 바이칼호는 아무나 범접할 수 없는 신성지역이고
아나톨리아 흑해는 누구나 범접할 수 있는 창구(媚口)였다.
울타리가 되어 지켜주는 신목과 같은 알타이는 아버지의 씨줄이었고,
모든 문명을 품는 검은 바다는 어머니의 젖줄이었다.

01 알타이 아버지와 흑해 어머니

알타이 산맥1과 바이칼호2는 아버지가 정착한 곳이고, 아나톨리아3와 흑해는 어머니가 정착한 곳이다. 알타이 산맥과 아나톨리아는 신이 내린 풍요의 지역이며 문명의 발상지이기도 하다.

알타이 산맥의 바이칼호는 아무나 범접할 수 없는 신성지역이고, 아나톨리아 흑해는 누구나 범접할 수 있는 창구(娼口)였다. 넓은 울타리가 되어 지켜주는 신목과 같은 알타이는 아버지의 씨줄이었고, 모든 문명을 품는 검은 바다는 어머니의 젖줄이었다. 그래서 동방은 아버지의 질서가 있었고, 서방은 어머니의 자유가 있었다. 알타이-바이칼은 신성한 지역이 되었고, 아나톨리아-흑해는 누구나 들어올 수 있었던 곳이었다.

흑해는 수많은 문명의 충돌지역이다. 이곳은 황인, 백인, 흑인 등 인종이 공존하는 지역이다. 분쟁의 중심지인 이곳 아나톨리아 지역을 얻기 위한 수많은 전쟁이 있었다. 또한, 아시아와 유럽의 경계지역이기도 하다. 흑해를 주변으로 우크라이나, 러시아, 조지아(그루지아), 터키, 불

---

1 러시아·카자흐스탄·몽골·중국에 걸친 복잡한 산맥
2 러시아 시베리아 남동쪽에 있는 세계에서 가장 오래되고 가장 깊은 호수
3 아시아 대륙의 서쪽 끝에 돌출한 대반도로 현재의 터키영토에 해당하는 반도

가리아, 루마니아 등 많은 나라가 인접해 있어서 조그만 움직임에도 충돌이 발생하는 분쟁지역이 되었다. 문명이 얽혀있는 이곳 아나톨리아반도는 문명의 창구가 되었다.

흑해

서양에서는 아나톨리아를 모(母)신의 기원으로 삼고 있다. 무대륙(Mu大陸)이 멸망하고 마고 여신이 새롭게 자리를 잡은 곳이 아나톨리아반도였다. 지구여신은 이곳 아나톨리아에 수많은 이름으로 알려졌다. 인안나, 이쉬타르, 아스타롯, 아스타르테, 아세라, 아데나, 아프로디테, 비너스…….

아버지는 해(태양)이고 어머니는 해(海)이다.
그래서 어머니는 물동이에 해를 담고 다닌다.

(좌) 물동이를 이고 있는 어린 소녀들.
(우) 머리에 해를 이고 호루스에게 젖을 먹이는 이시스 여신

02 서쪽으로 간 마녀와 늑대인간

잿빛 푸른 늑대의 전설

알타이 아버지는 어머니가 있는 서쪽 흑해로 보디가드를 보냈다. 그는 바로 늑대인간! 보름달이 뜨면 늑대인간이 나타난다. 바로 마녀라 불린, 지구 어머니를 보호하기 위해서……. 늑대인간은 보름달이 뜨면 감추어진 본능이 나온다. 보름달이 뜨는 날은 음기가 강해진다. 이 시간은 감정에너지가 표출되는 시간이다. 그래서 늑대는 마녀와 함께 나타난다.

늑대는 몽골지방의 상징 중 하나이다. 몽골인의 조상과 관련된 푸른 늑대의 전설을 보면, 도르노드 아이막(Dornod aimag)[4]에는 오논(Onon) 강이 흐르고 있고 바로 이 강가에서 몽골인의 조상이 늑대와 사슴 사이에서 태어났다는 전설이 있다. 그가 바로 하늘이 점지한 잿빛 푸른 늑대와 흰 사슴의 아들인 바타치칸(Batachikan)이다. 징기스칸도 푸른 늑대의 꿈을 꾸고 태어났는데, 이는 몽골 선조인 바타치칸의 줄을 이어 받았음을 상징하는 표식과 같다.

---
[4] 몽골의 극동부 지역

용맹성과 침착함 그리고 인내심의 상징인 늑대와 사슴의 강인함과 섬세함을 동시에 지닌 바타치칸! 비슷하게 흉노와 돌궐 그리고 훈족과 로마 또한 늑대의 상징을 가지고 있다.

지구여신의 보디가드

흉노와 돌궐과 훈의 역할은 바로 흑해를 지키는 것이었다. 누구보다도 강인한 종족이지만 어머니에게만은 약하다. 이것이 그들의 아킬레스이다. 늑대로 변신하는 순간, 숨겨왔던 야수의 본능이 나온다. 그들은 여신에너지를 보호하기 위해 파견된 이들이다. 마녀라 불린 여신! 마녀와 늑대는 함께 등장한다.

늑대인간의 전설은 중부 유럽보다는 루마니아, 헝가리 등 슬라브 권인 동구권에 주로 퍼져 있는 전설이다. 프랑스 지방에서도 상당히 널리 알려졌다. 또한, 러시아 남부에는 마녀라 불린 집시들이 많았다. 동구권은 늑대상징을 가지고 있는 훈족 및 서흉노족(西匈奴族)과 관련이 있는 지역이다. 이곳은 어머니 에너지가 있는 흑해와 가깝다. 한편 늑대인간이 프랑스에 알려진 이유는 여신코드가 있는 막달라 마리아 때문이기도 하다. 막달라 마리아는 프랑스로 넘어갔다는 전설이 있다.

• **원령공주**

일본 애니메이션 『원령공주』에는 사슴신과 잿빛 늑대가 등장한다. 숲을 지키려는 대자연의 신들과 인간들의 싸움을 그린 애니메이션이다. 내용 중에 북쪽 끝, 에미시족의 마을에 어느 날 갑자기 재앙 신이 나타났고, 강한 힘을 소유한 에미시족의 후계자인 아시타카는 재앙신의 탄생 원인을 밝히기 위해 서쪽 끝으로 향한다. 아시타카는 서쪽의 '시시' 신의 숲에서 늑대의 신 모로와 신비스러운 소녀를 만난다. 늑대 신 모로는 월령공주를 지키는 수호신으로 등장한다.

여기에서 에미시족이 살고 있는 북쪽 끝은 알타이 몽골이고, 재앙 신이 나타난 서쪽 끝은 흑해와 카스피 해이다. 그리고 인간들이 숲을 파괴하며 금을 제련하는 곳은 바로 흑해 부근이다. 원령공주에는 많은 상징코드가 담겨 있다.

- **늑대인간**

서양에서는 늑대에 대한 신성한 두려움을 가지고 있다. 늑대는 주로 지구여신을 지키는 보호자로 나타난다. 늑대코드는 험악하고 난폭함 뒤에 숨어있는 순수성이 그 코드일 것이다. 길들여지지 않은 개, 야생의 개가 바로 늑대이다.

늑대인간은 늑대의 본성과 인간의 본성을 대비시켜 누가 더 늑대이고, 누가 더 인간인가를 역설적으로 보여준다. 인간의 본능 속에는 늑대와 같은 폭력성이 잠재되어있다. 늑대는 보호자 코드를 가지고 있다. 마녀와 한 쌍으로 나타나기도 하며, 마녀를 지키는 늑대이기도 하다.

늑대인간에 대한 설화는 소설이나 영화 등으로 많이 나와 있다. 작품 속에서 늑대는 언제나 포악함 속에 숨겨진 지고지순함과 더불어 사랑하는 여인을 지키는 순수함의 코드를 가지고 등장한다. 영화 속에 등장하는 늑대인간은 보름달이 뜨면 늑대로 변한다. 달의 형태에 따라 영향을 받는 인간 감정을 잘 나타내준다.

보름달은 마법을 행하는 사람들에게는 매우 중요한 시간이다. 보름달의 시간은 마법적 소원을 충족시키기에 매우 좋은 시간대이기 때문에 보름달의 시간은 마법의 시간이며, 마법사가 의식을 행하는 시간이기도 하다. 이 시간(마법의 시간)은 신성해야 하고 또 외부의 기운이 들어오지 않게 철저한 보호막이 필요했기 때문에 늑대들이 보호막을 형성하듯, 마녀나 마법사의 보호자처럼 등장을 한 것이다.

늑대인간 관련 영화들을 보면, 낮에는 인간, 밤에는 늑대로 나타난다. 낮에는 이성적인 인간으로 활동을 하고, 밤에는 본능적인 인간으로 활동하듯, 늑대인간 코드는 인간의 이중성을 나타낸다. 인간의 이중성 관련해서는 [지킬박사와 하이드]에서 잘 나타내주고 있다. 평범한 속에 감추어진 인간의 본능적 속성이 내재되어 있는 성향을 낮과 밤, 선인과 악인의 모습으로 나타낸 것이다.

03 늑대의 후예 아틸라 (백인은 노예였다)

훈제국의 아틸라

『반지의 제왕』의 모티브가 된 니벨룽겐[5]의 반지는 게르만족의 신화이다. 지그프리트 왕자의 영웅담을 담은 독일의 영웅서사시이다. 이 신화의 시대가 바로 훈제국이 번창하던 아틸라왕의 시대이다. 이 서사시에서 크림힐드가 결혼하는 에첼 왕은 훈제국의 아틸라다. 줄거리는 아래와 같다.

니벨룽겐의 반지를 얻는 자 저주를 받으리라!

유성이 떨어지던 날 밤!
지그프리트는 아이슬란드 여왕 브룬힐드와 만나서 첫눈에 반하고 다시 만날 것을 약속하는데…
지그프리트는 떨어진 유성을 이용하여 검을 만든 후, 금을 지키고 있던 용을 죽이고 부르군트왕국의 영웅이 된다. 이를 계기로 부르군트 왕의 여동생인 크림힐드와 결혼을 하게 된다. 이후 아이슬란드 여왕 브룬힐드는 부르군트의 왕비로 오게 되고, 브룬힐드와 크림힐드 사이

---
5 고대 독일의 전설적인 왕족 니벨룽을 시조로 하는 초자연적인 난쟁이족

에서 오해를 받은 지그프리트는 부르군트 왕에 의해 죽음을 당한다. 크림힐드는 남편 지그프리트를 죽인 부르군트 왕에게 원한을 품고, 에첼왕(아틸라)의 힘을 빌려 부르군트 왕국을 멸망시킨다.

훈제국 최대 영토

• 훈제국은 로마제국과 맞먹는 거대한 제국이었다

로마제국은 지중해 지역을 점령한 대제국으로 우리에게 잘 알려졌지만, 로마에게 조공을 받은 훈제국은 잘 모른다. 그만큼 서양의 역사는 로마제국의 바탕 위에 얹어진 역사로, 서양문명에서 로마를 빼면 그들에게 남는 것은 아구것도 없다.

북쪽 게르만족이 로마를 점령하면서 그들은 로마제국의 문화와 역사를 흡수하였다. 서양의 역사는 그리스, 로마, 이집트의 역사이며, 백인의 역사는 그리 길지 않다.

• 야생늑대 아틸라

서쪽으로 이동한 서흉노(西匈奴)는 훈족이라 불렸다. 훈족은 흑해와 카스피해 사이에 터전을 두고 로마지역까지 확대해간 거대한 제국이 되었다. 이들 훈족의 유명한 왕이 바로 야생늑대 아틸라[6]다.

훈족, 돌궐, 몽골 등은 모두 늑대와 사슴 아이콘을 가지고 있다. (지금의 헝가리는 자신들의 선조를 훈이라고 이야기한다.)

훈족은 아시안 계이다. 로마인들이 묘사한 훈제국의 왕은 검은 머리에 키가 작았으며, 왕관을 쓰지 않을 만큼 권위적이지 않고 부하들과 밥을 같이 먹고 동고동락하는 등 소박하고 검소한 사람이었다고 한다. 대부분 평이 수수하고 소박하며 인자하다는 관찰들이 많다. 또한, 이들 훈족을 연구한 독일학자는 훈족의 특징을 세 가지로 나타냈는데 아래와 같다.

1. 몽골리안 반점을 갖고 있다.
2. 특이한 활과 화살을 사용했다.
3. 편두를 갖고 있다.

---

6 5세기 전반, 게르만 대이동을 촉발했던 훈제국의 왕

위 내용을 보면 북방 유목민족이었던 훈족은 우리 한민족의 고대 모습과 유사한 특징을 가지고 있다.

백인은 용병 노예였다

로마가 기독교를 수용한 이후부터 로마의 기세는 점점 기울기 시작했다. 로마의 운이 저물기 시작하자, 북쪽 바바리안[7](야만족)이 서서히 침투해 들어오기 시작했다. 이들 바바리안은 북쪽 스칸디나비아에서 이주한 부족들이다. 게르만족, 노르만족 등이 이에 해당한다. 지금 세계를 지배하고 있는 이들이 바로 바바리안들이다.

이들 바바리안은 로마의 용병이나 노예로 편입되었고, 점점 늘어나는 바바리안들은 흑해 인근으로 침투해 들어오기 시작했다. 흑해의 지킴이였던 훈족의 아틸라는 침투 이주민들이 점점 늘어나자, 늑대의 본성이 나오기 시작했다. 훈족이 고트족(게르만족 일파)을 쫓아내면서 게르만족의 이동이 시작되었다. 이들 바바리안(게르만족, 노르만족) 백인들이 AD 300년경부터 북쪽 스칸디나비아 반도로부터 이주하여 유럽에 정착한 시기는 AD 500년경이다.

이 무렵 앵글족과 색슨족은 잉글랜드로 건너갔고, 프랑크족은 갈리아 북동부지역을 차지했다. 부르군트족은 라인강 유역에 살았으며, 서

---

7 로마인들은 게르만계 여러 부족을 '바바리안(barbarian)'이라 불렀다. 게르만족이 문명화가 되지 않았던 그 시기에, 로마인들에 의해 야만인으로 불렸다.

쪽에는 서고트족이 살게 되었고, 동고트족은 이탈리아에 정착했다. 또한, 반달족은 아프리카에 자리를 잡았다. 반달족으로부터 '반달리즘'이라는 말이 탄생하였는데, 이들 바바리안 특징 중 하나가 '약탈과 파괴'이다. 반달리즘(Vandalism)은 문화·예술 및 공공시설을 파괴하는 행위 또는 그러한 경향을 말한다. 5세기 초 유럽의 민족대이동 때, 아프리카에 왕국을 세운 반달족이 지중해 연안에서 로마에 이르는 지역까지 약탈과 파괴를 거듭한 일에서 유래된 말이다.

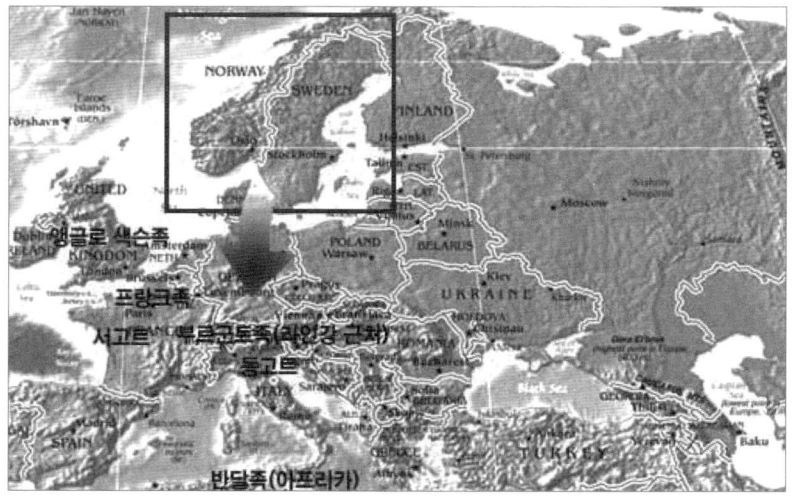

사각형 안의 반도가 스칸디나비아 반도

금발벽안(금발에 푸른 눈)에 장신의 백인들이 흑해 주변으로 이주해오면서 점차 혼혈이 되기 시작했다. 원래 유럽 고대 종족은 붉은 머리이고, 훈족은 검은 머리 아시아인이었다. 히틀러가 이야기한 우수혈통 민족이라 지칭한 아리안족은 본래 금발에 푸른 눈이 아니다.

진짜 아리안족은 검정 머리에 흰 얼굴로, 인도 북부의 아프가니스탄계 얼굴이다. 이들은 중앙아시아에서 남하하여 인도와 이란에 정착한 민족이다. 고대에는 금발에 푸른 눈은 야만종족으로 불렸었다.

로마는 훈제국에 조공을 바쳤다

하자르가 주변국가로부터 조공을 받은 것처럼, 훈제국도 로마로부터 침입하지 않겠다는 조건으로 황금을 조공으로 받았다. 그만큼 훈제국은 그 당시 막강한 세력을 떨치고 있었다.

로마로서는 자꾸 침입해 들어오는 바바리안도 큰 문젯거리 중 하나였다. 그런데 로마가 힘을 잃기 시작한 원인은 이들 바바리안을 용병으로 쓰면서 틈이 벌어지기 시작했다. 이들 바바리안들은 십자군 전쟁에서도 십자군 기사단으로 활동하며 잔혹하고 야만적이기로 유명했다.

북쪽에서 이주해온 백인들은 로마제국에 편입되기를 원했으며, 로마의 용병 혹은 노예로 활용되었다. 고대에 백인들은 본래 자신들의 문명이 없는 야만인이었으며 황인종과 흑인종의 노예였다.

바바리안(야만족) - [게르만족, 노르만족] - 금발에 푸른 눈

로마인들은 고대 서양 종족인 붉은 머리와 아시안 겨의 혼혈로 키가 작았다. 시저[8]가 그때 당시 큰 키였다고 하는데, 165cm가량이었다고

---

8   율리우스 카이사르 (Gaius Julius Caesar)

한다. 로마는 지금의 미국처럼 큰 키의 게르만족들을 용병으로 채용하였다. 로마는 막강한 로마 군단을 가지고 있었고, 이들 군인은 건축기술도 겸비해야만 했다. 왜냐하면 점령하는 지역에 건축물과 과수원 등을 일구는 일들도 해야 했기 때문이다.

그때에는 직업군인이 최고의 직업이었다. 이들 바바리안들은 그때 당시에 로마의 건축기술 등을 습득하였다. 또한, 이들은 십자군 전쟁 당시에 약탈을 일삼고 잔인하고 야만적인 일들도 서슴지 않았다. 이들은 모방력과 적응능력이 탁월했다.

Chapter 02
스키타이는 서쪽의 쥬신제국

환인, 환웅, 단군의 후예들을 동이족이라는 지칭하는 대신에,
남은 이들과 떠난 이들 모두를 포함하여 '범쥬신[9]족'이라 하겠다.
대륙은 범쥬신족의 영역이었고,
환인, 환웅의 정신이 있는 곳은 모두 쥬신족의 후예이다.

[9] 조선(朝鮮)의 옛 발음

01 대한〈쥬신(朝鮮)제국〉문명의 맥

아래의 문명지도를 보면, 지금의 역사가 왜 이렇게 분화되었는지 한 눈에 들어올 것이다. 전 문명의 흔적과 치유되지 않은 상처가 다음 문명에도 그대로 전달이 되어 비슷한 카르마가 되풀이되었다.

제1문명: 무 문명(마고문명)
제2문명: 아틀란티스 & 레무리아 문명
제3문명: 한 문명

이 전쟁을 종결시키기 위해 북극성 환인이 내려와 새로운 문명의 기틀을 잡았으나 해결되지 않은 전 문명의 카르마(아틀란티스와 레무리아) 유입으로 지구는 다시 한 번 카르마 소용돌이 속으로 들어갔다. 아틀란티스와 레무리아는 한(쥬신)문명을 지우고 자신들의 문명을 세우고자 수많은 왜곡을 해왔다.

• **한(쥬신朝鮮)문명의 부활**

오랜 전쟁을 종결시키고 과거처럼 지구청소에 들어가지 않게 서로 상생하는 문명을 만들어야 한다. 따라서 이번 문명을 통합하는 주인공은 한문명의 씨앗을 마지막까지 간직한 우리 한민족이 될 것이다. 그리고 통합의 클라이맥스는 한반도에서 진행될 것이며, 그 중심의 핵으로 북두칠성 환웅(치우천왕)이 다시 부활할 것이다. 한반도에 태풍의 눈이 만들어지고 있다.

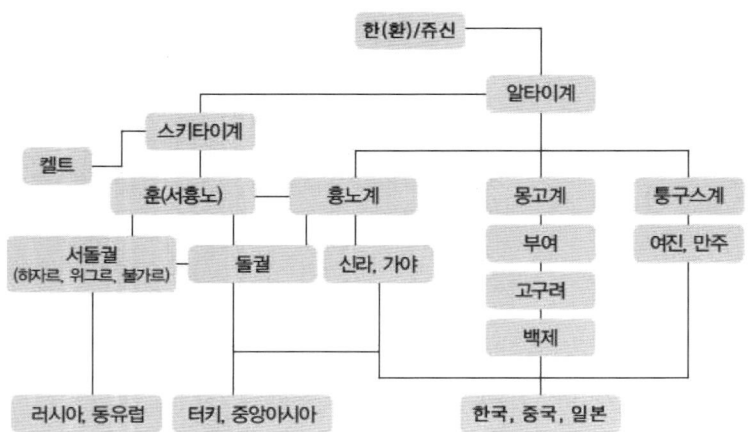

02 세계 네트워크망을 가지고 있던 스키타이

쥬신제국의 시원, 알타이 바이칼에서 두 줄기 강이 나누어졌다. 하나는 알타이요, 하나는 스키타이이다. 알타이는 흉노와 몽고와 퉁구스 계열로 나눠지고, 스키타이는 알타이와 분화되어 흉노와 연합하기도 하면서 새로운 지배 계급을 형성해 나갔다. 문명의 맥이 두 줄기로 나누어진 것이 동서의 나뉨이다.

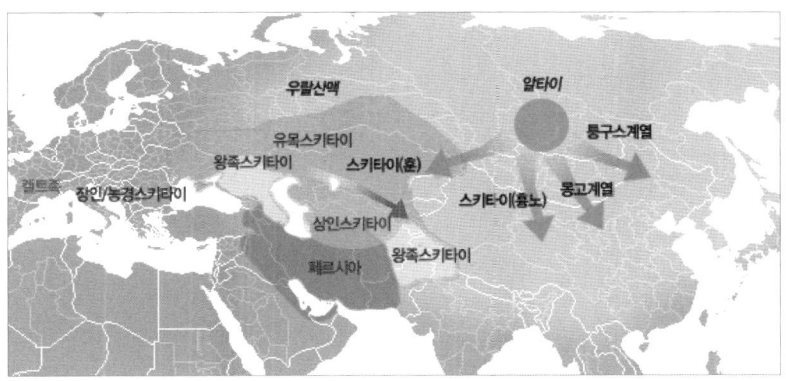

동서로 분화되었던 세계사는 다시 한반도에서 남북의 통합으로 이어질 것이다. 이것이 곧 십승지이다. 동서로 나뉘었던 흐름을 남북으로 통합하는 시나리오! 동과 서가 만나고 남과 북이 만나는 곳! 그곳이 바로 한반도이다.

스키타이는 연합국이다

스키타이[10]는 왕족 스키타이, 유목 스키타이, 상인 스키타이, 장인 스키타이, 농경 스키타이로 나눠진다. 장인과 농경을 제외한 나머지 유목 스키타이와 상인 스키타이는 이동을 한다. (왕족 스키타이도 중심지를 이동함)

이들은 각각의 특성에 맞게 서로 연합 및 교류가 가능하기에 어느 한 곳에 정착하지 않더라도 서로 윈윈(win-win) 할 수 있는 구조를 가지고 있다. 또한, 스키타이는 전 세계를 무대로 하고 있으며, 정보능력이 탁월하고 장사와 무역능력이 발달하였다.

유목 스키타이와 상인 스키타이는 이동수단을 이용하여 먼 곳에 있는 스키타이끼리의 연결망을 확보하고 있었다. 상인 스키타이는 소그드인[11]으로 불렸으며, 스키타이를 연결하는 수단이었다. 이들 소그드인들이 훗날 한반도로 이동한 왕족 스키타이인 신라와 연결을 시키기 위해 실크로드를 발전시켰다. 유목 스키타이에 의해 길러진 말과 낙타 등을 상인 스키타이가 구입하고, 장인 스키타이가 만드는 금장식과 세공품은 왕족 스키타이에게 전달하였고, 왕족 스키타이는 각각의 제후국으로부터 조공을 받았다. 연합구조로 되어 있는 스키타이는 전 세계 정보망을 활용하여 오랫동안 보이지 않는 권력을 누릴 수 있었다.

장인/농경, 유목 스키타이 ⇨ 상인 스키타이 ⇨ 왕족 스키타이

---

10 흑해 북쪽 지역의 유목민족으로 알려져 있으며 철기문화를 꽃피웠다.
11 중앙아시아 소그디아나를 근거지로 하는 이란계. 소그드인은 본래 "스키타이"라고 불렸다.

장인/농경 스키타이와 유목 스키타이는 왕족 스키타이를 위한 기마 및 보급품 부대이며, 상인 스키타이는 지금으로 치면 무역과 정보를 맡은 정보통이자 무역 상인이었다.

지금의 유대인들도 이들 스키타이 형태로 움직여지고 있다. 뒤에서 컨트롤하는 중심서 격(왕족 스키타이)있고, 세계 곳곳에 그들의 네트워크 망을 연결하여 서로의 정보를 공유하며 전체를 컨트롤하고 있다. 이들 스키타이의 장점은 기동력과 정보력이다. 지금도 세계를 컨트롤 하려면 정보력을 확보해야 한다. 따라서 스키타이의 권력은 고대로부터 내려온 체계로서, 서로 윈윈(Win-win)만 되면 연합을 할 수 있는 구조기반을 가지고 발전해왔다.

스키타이 왕족의 분열

BC 3세기경부터 스키타이의 내부 분열로 인해 BC 2세기경 사르마트[12]에 의해 멸망한 뒤, 일부는 그 지역에 흡수되거나 일부는 동흉노에 흡수되었다. 이때 흑해 북부와 카스피해 사이에 있던 왕족 스키타이는 지금의 아프가니스탄, 즉 박트리아로 이동하여 그곳에 정착하게 된다.

왕족 스키타이를 중심으로 흉노는 동과 서를 융합하는 계기가 되었으나 새로운 권력의 소용돌이가 시작되었다. 연합 스키타이는 각자의 길을 걷게 되었고, 각각의 귀족세력으로 그룹을 지어 활동하게 되었다. 이때 '귀족연합 유목상인' 세력들이 새롭게 부상하였다. 이들 귀족연합을 통합하는 나라가 지도자 나라가 되었다.

---

12 중앙아시아 초원지대의 유목민족으로 이란계이다.

03 서쪽의 쥬신(朝鮮)제국 '스키타이'

스키타이인의 혼혈과 특징

BC 10세기경, 스키타이인은 알타이 서쪽 볼가강 근처로 이동하면서 고대 유럽 원주민과 혼혈이 많이 되었다. 이들은 아시아 몽고계와 고대 유럽의 원주민인 켈트족과 조금씩 혼혈이 되어 점차적으로 서구적인 마스크를 갖게 되었다. 고대 켈트족은 붉은 곱슬머리에 머리를 땋기도 한 장신(長身)의 원주민이었다.

고대 켈트족은 쥬신제국의 일원으로, 유럽 일대에 터전을 잡고 살고 있었다. 그러나 이들 켈트족은 북쪽으로부터 침투해오는 아틀란티스 잔존 세력으로 인해 파란만장한 역사를 갖게 되었다. (스코틀랜드는 스키타이의 후예인 스콧족이 세운 국가이다. 이들은 게르만과 앵글로색슨 그리고 로마인들에게 무참히 짓밟혔다.)

지중해 근처의 동유럽 일대는 고대로부터 금 생산지로 유명하였다. 과수원과 농업 그리고 금세공이 발달한 지역으로, 장인 스키타이들이 주로 터전을 잡고 생활을 하던 지역이었다. 또한, 그리스 일대는 도자기 공장 등으로 유명하였다.

지중해 이오니아는 아틀란티스의 식민지로, 이곳에 일쿠 백인들의 거주지역이 있었다. 지중해는 아틀란티스와 레무리아인들이 드나들 수 있었던 지역으로, 많은 혼혈이 이루어진 곳이기도 하다. 혼혈이 이루어진 시기는 마케도니아 알렉산더 대왕이 지중해 일대를 점령하면서 본격적인 혼혈이 이루어졌다. (마케도니아와 그리스는 다른 나라이며, 인종적으로도 다르다.)

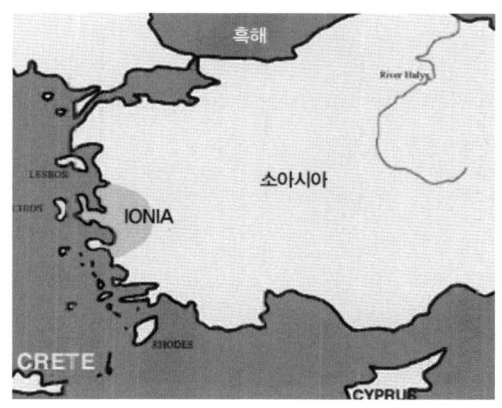

아나톨리아 반도의 이오니아

신라인과 스키타이의 유전자 분석결과를 살펴보면, 부계, 모계가 거의 일치하였고, 유물도 신라와 스키타이가 많은 유사성을 보여주고 있다. 유라시아 대륙의 끝과 끝에서 비슷한 유물과 비슷한 유전자형을 갖는 것을 보면, 신라인이 한반도로 이주해온 것으로 볼 수밖에 없다. 켈트족의 정서가 우리 한반도와 유사한 점도 빼놓을 수는 없다.

고대로부터 지배계층은 검은 머리였다

왕족 스키타이는 대대로 검은 머리에 흰 얼굴을 가지고 있었으며, 하늘의 아들 천손족(天孫族)도 대대로 검은 머리였다. 왕족 스키타이는 하늘 천손의 씨앗을 잇고 있었기에 자신들을 로열 혈통이라고 생각했다. 고대 수메르인도 자신들이 검은 머리임을 강조하였다. 반면에 붉은 머리, 갈색 머리 인종은 평민계급에 속했다.

왕족 스키타이는 흑해와 카스피해 사이에 터를 잡았다. 흑해와 카스피해는 자원이 풍부하고 동과 서를 잇는 주요지역이기에 이곳이 이들 스키타이의 중심으로 안성맞춤이었다.

중원대륙은 단군조선지역으로, 하늘의 직계 천손이 있는 곳이었다. 그러나 BC 238년경, 단군조선이 문을 닫으면서 스키타이는 중심이 흔들리기 시작했다. 그즈음 스키타이도 사르마트인에게 밀리면서 왕족 스키타이는 지금의 아프가니스탄 즉 박트리아로 이동하게 된다. BC 1세기경 왕족 스키타이는 박트리아의 사카족[13]이 된다. (스콧족, 사카족, 소그드족은 스키타이와 깊은 연관이 있다.)

단군조선이 문을 닫고 권력의 핵심자리를 차지하기 위해 세계는 새로운 권력의 판도가 형성되고 있었다.

스키타이가 멸망한 뒤, 스키타이인들 중 일부는 스키타이-흉노에 편입되었고, 일부는 서쪽으로 이동하여 스키타이-훈이 되었다. 이때 아

---

[13] 중앙아시아의 스키타이인 중에서 남하하여 인도에 정주한 한 종족.

틸라가 등장하면서 서유럽의 지도를 바꾸어 놓는다. 아틸라는 북방 쥬신족이었다.

스키타이는 서흉노 ⋯▶ 훈 ⋯▶ 서돌궐 ⋯▶ 하자르로 이어진다. 모두 서쪽의 쥬신제국이었다.

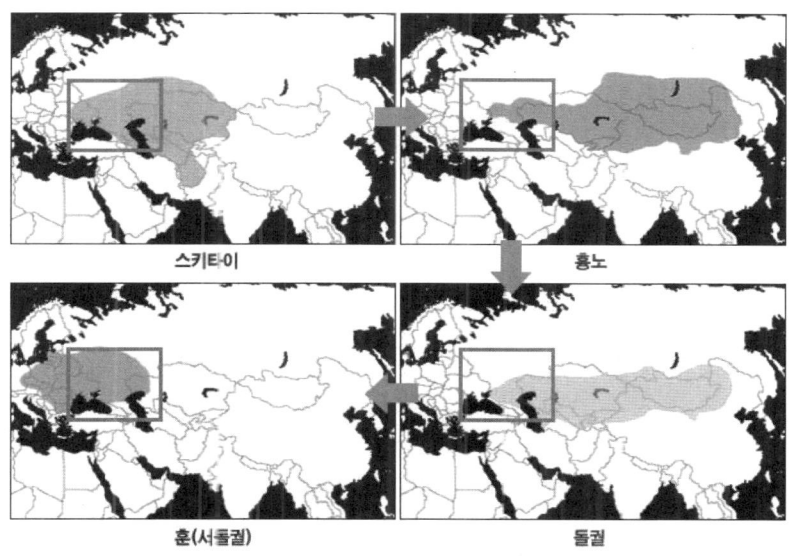

위의 지도를 보면, 스키타이, 흉노, 훈(서돌궐), 돌궐 모두 사각형 안의 지역(흑해와 카스피해 사이 지역)이 겹쳐져 있다.

04 사카족-환인의 후예, 붓다로 세상에 나오다

왕족 스키타이와 신라

단군조선이 삼족오의 세 발(스키타이, 알타이, 퉁구스)로 갈라질 즈음, 스키타이가 등장했다. 즉 세 발(삼족오) 중에 한발이 스키타이 연합국이었다. 왕족 스키타이, 유목 스키타이, 상인 스키타이, 장인 스키타이, 농경 스키타이 이들은 연합제국이며 쥬신제국의 일원이었다.

각 지역의 특성과 사람들의 장점에 맞게 북쪽 지대는 유목 스키타이가 위치하고, 중간지대는 상인 스키타이가 차지했으며, 광물과 자원이 풍부한 지역은 장인/농경 스키타이가 위치하였다. 이들은 서로 필요충분조건에 따라 상생할 수 있는 연합 쥬신제국이었다. 또한 세 발(삼한)을 연결하는 정보조직망이 있었다.

스키타이는 BC 12세기부터 BC 2세기까지 약 1,000여 년을 이어온 연합제국이다. 이들의 활동영역은 전 세계에 걸쳐 분포되어있었다. 이들은 또한 쥬신제국의 문명을 서쪽 지역에 세우는 역할을 맡아왔다. 스키타이의 멸망이란, 곧 왕족 스키타이의 멸망이며, 이는 곧 '단군조선'이 문을 닫는 시점과 맞물려 있다.

왕족 스키타이는 흑해와 카스피해 지역에서 밀려나 원뿌리가 있는 히말라야 천산 부근으로 피신해서 들어갔다. 그곳이 바로 사카족이 오랜 세월 정착했던 곳이기도 하다. 왕족 스키타이는 그곳으로 피신해서 들어가게 되고, 후대에 신라와 연결이 된다. 또한, 스키타이 연합국들은 왕족 스키타이 붕괴 후, 각자의 길을 걷게 되었다.

왜 신라가 불교를 숭상하게 되었는지,
왜 신라가 금세공이 발달했는지,
왜 신라에 서역인(쌍꺼풀인)들이 많았는지,
왜 신라에 그리스, 로마의 흔적이 많았는지,
다시 한 번 생각해 보길 바란다.

스키타이 중에서 상인 스키타이를 '소그드(Sogd)인'이라고 한다. 상인 스키타이 중 일부가 실크로드 일대에 정착지를 마련하기 시작했는데, 이들이 바로 '월지(月支)족'이다. 그래서 상인 스키타이를 월지족이라 부른다. 이름에 月 혹은 胡가 들어가는 부족들은 대부분 상인 스키타이이다. 중동국가의 국기에 달 모양이 들어가는 나라들도 모두 상인 스키타이이다.

환인의 후예와 환웅의 후예

사카족은 환인의 후예이다. 또한, 사카족은 문명 시원의 역사를 가진 유서 깊은 종족이다. 환인 중에서 '석제환인'의 후예들로, 천산 지역 일대에서 붓다의 길을 걷다가 세상이 어지러울 때마다 등장하였다.

환인의 정통성은 환웅에게 이어졌고, 환웅은 왕의 계보를 잇게 된다. 반면 왕의 계보를 잇지 않는 다른 후예들은 붓다의 길을 걷게 된다. 즉 사카족의 후예는 왕 아니면 붓다의 길(수행자)을 걸어야만 하는 운명을 타고났다.

세상을 지배하거나 깨달음의 스승이 되거나……
두 가지 길밖에 없다.

환웅의 계보는 해모수의 씨줄인 주몽에 의해 '고구려'가 탄생되었고, 환인의 계보는 불국정토 '신라'가 이어갔다.

환인은 환웅에게 세상을 다스리는 일을 맡겼다. 따라서 환인의 아들들은 붓다의 길을 걷게 되었으며, 환웅의 라인이 위태로울 때마다 환인의 라인에서 스승들이 등장하였다.

왕의 계보는 씨를 중요시하기 때문에 많은 아내를 두어 자손을 잇고, 붓다는 해탈에 뜻을 두므로 물질 세상과의 연을 두지 않고 독신의 삶을 살게 된다. 이것이 하늘의 왕(환인)과 지구의 왕(환웅)이 충돌하지 않도록 만들어 놓은 환인의 큰 뜻이었으리라.

물질세계의 통치는 환웅의 라인 줄에서 왕으로 탄생하고, 정신세계의 스승은 환인의 라인 줄에서 붓다로 탄생된다. 환인은 정신계를 다스리는 왕이요, 환웅은 물질계를 다스리는 왕이다. 환인의 뜻과 정신을 세상에 펼치는 임무는 환웅이 맡았다.

과거 전생이 환인이든, 환웅이든 간에, 현생에 다시 태어나 물질시스템에 적응하는 것은 매우 힘든 일이다. 왜냐하면, 그만큼 인간들에게 둘러쳐져 있는 관념의 막이 두껍기 때문이다. 설령 옆에 예수나 부처가 온다 해도 알아볼 수 있는 이는 아무도 없다.

지금은 변화의 시기이며 새로운 시대로의 전환의 시기이다. 대한민국 뿐만이 아니라 지구시스템이 교체되는 시기이며, 지구가 새롭게 변화하는 시기이다. 이는 곧 우주의 변환과 맞물려있기 때문에, 환인, 환웅, 단군과 더불어 고대의 신들이 물질 옷을 입고 대거 환생하는 이유이다. 그만큼 커다란 전환 시점에 다다랐다는 것을 의미한다. 지구 드라마는 마지막 클라이맥스로 치닫고 있다.

육신을 입고 온 신들도 우리 인간들과 동일한 조건에서 출발한다. 물 위를 걷고, 돌을 금으로 만드는 마법을 부리는 것이 아니라, 우리와 똑같이 밥을 먹고 일하며, 인간의 모습으로, 인간의 행동으로 움직인다. 그만큼 지구란 별은 특이한 별이다. 지구로 내려와 물질 옷을 입는 순간, 출발점이 모두 같고, 신과 인간이 동등한 존재가 되어버린다.

아무리 예수라 해도 물질 옷을 입는 순간, 똑같은 출발점에서 다시 시작한다. 가장 위에 있는 자가 가장 바닥으로 내려오고, 가장 바닥에 있는 자가 가장 위에 올라있는 지금이다.

이것은 다시 제자리로 복원된다.
겉껍데기를 벗어버리면 본 모습이 드러나기 때문이다.

05 사카족의 고향, 아프가니스탄

아프가니스탄은 사카족의 고향
아프가니스탄은 아리안의 고향
아프가니스탄은 석가모니의 고향
아프가니스탄은 조로아스터의 고향

대대로 영웅은 알타이에서 나오고, 성자는 히말라야에서 나온다.
환웅의 후예는 알타이에서 나오고, 환인의 후예는 천산에서 나온다.

알타이산맥의 바이칼호수가 있는 몽골고원과 파미르 히말라야 부근의 아프가니스탄은 중요한 성지이다. 해모수, 광개토대왕, 아틸라, 징기스칸 등 유명한 영웅이나 왕 등은 모두 알타이 출신이며, 이들은 모두 환웅의 자손들이다. 반면 인류의 스승인 석가모니나 조로아스터, 마니의 고향은 아프가니스탄이다. 영웅은 대륙에서 나오고, 스승은 산에서 나온다.

인류의 성지인 동고와 아프가니스탄을 연결하는 이들이 바로 소그드인들이다. 이들 스키타이인이라 불리는 소그드인들은 세계를 연결하는 거미줄 망이며 일꾼들이다. 이들은 문명의 전파자이다. 아라비아 상인, 페르시아 상인 등도 상인 스키타이들이다.

조로아스터의 고향, 아프가니스탄

아프가니스탄은 고대로부터 수많은 침탈을 당해온 나라이다. 미국은 계속해서 아프가니스탄과 전쟁을 벌여왔고, 1980년대에는 소련이 아프가니스탄을 침공하였다. 미국과 소련 두 강대국이 침공하려 했던 나라인 아프가니스탄, 이라크, 이란 등은 오래된 고대문명의 발상지이자, 지구의 핵심자리들이다.

아프가니스탄의 이미지는 탈레반[14]으로 인해 과격한 테러리스트의 나라로 비칠지 모르지만, 이곳은 고대로부터 성인들이 배출된 곳이요, 문명의 씨앗을 품고 있었던 곳이기도 하다.

BC 330년경, 마케도니아의 알렉산더가 이곳 아프가니스탄을 점령한 뒤, '박트리아'라는 이름으로도 알려져 왔다. 이 시기에 그리스 문명이 유입되게 된다. 신라시대 혜초 스님이 다녀간 천축국도 바로 이곳이다.

조로아스터가 탄생하였고, 아리안의 발상지였던 이곳, 아프가니스탄은 그리스, 페르시아 등의 지배를 받아 그리스문명과 페르시아문명 그리고 스키타이 문명이 혼합된 복합문명을 이루고 있다.

---

14 1994년 아프가니스탄 남부 칸다하르주에서 결성된 무장 이슬람 정치단체. 1996년부터 2001년까지 아프가니스탄을 지배한 세력이다.

독일 나치의 하켄크로이츠15(Hakenkreuz)와 불교의 상징 스와스티카 16(Swasticka)는 스키타이에서 자주 사용하던 문양 중 하나다. 히틀러의 정신적 배경이 되었던 니체가 쓴『짜라투스트라는 이렇게 말했다』는 조로아스터의 가르침이기도 하다. 또한, 나치가 사용했던 독수리 상징은 페르시아의 국교였던 조로아스터교의 상징이다. 독수리 상징은 더 나아가 '그리핀17'이라는 스키타이 상징으로 거슬러 올라갈 수 있다.

(위) 조로아스터교 상징, (아래) 나치의 상징

---

15 나치 독일당의 상징으로 갈고리 십자가를 나타낸다.
16 고대 인도인들이 생각하던 태양의 상징을 만(卍)자로 표현한 것이다.
17 몸은 사자 몸, 머리와 날개는 독수리, 등은 쇠로 덮여 있는 괴물이다.

Chapter 2. 스키타이는 서쪽의 쥬신제국 · 53

이렇게 나치는 페르시아의 국교였던 조로아스터교의 고향으로 찾아 들어가니 아프가니스탄의 아리안이 나왔고, 아리안의 고향을 찾아가니 몽고 알타이에서 시원이 되었다는 것까지 접근하였다. 그런데 여기에서 오류는 바로 아리안이 히틀러가 생각했던 것처럼 금발의 백인이 아니라 검은 머리였다는 점이다.

히틀러가 이야기하는 아리안은 아틀란티스 침입자이다. 진정한 아리안은 금발의 백인이 아니라, 검은 머리 흰 얼굴이다. 따라서 나치가 이야기하는 아리안이란, 아틀란티스에서 건너온 백인 인종에 페르시아라는 문명의 외투를 입혀놓은 셈이다.

그리스-페르시아-박트리아로 연결되는 라인이 백인이 침투해서 들어온 라인이다.

왕족 스키타이, 아프가니스탄으로 들어가다

고대로부터 아프가니스탄 지역은 주변의 파미르, 천산, 곤륜산 등이 용처럼 뻗어있는 지구의 성지로서 환인이 내려온 곳이기도 하다.

아프가니스탄의 라피스라줄리(청금석)는 수메르에서도 사용하였다. 천해의 자원을 가지고 있는 지역으로, 상인 스키타이의 주 거래처이며 정착민들이 살고 있는 땅이었다.

BC 2세기경부터 스키타이의 후신인 흉족(흉노와 훈 포함)이 북쪽에서 일어났다. 이들은 과거 스키타이 연합국들을 다시 재정비하면서 새로운 판을 깔게 된다. 이때쯤 흉족의 지배세력인 왕족 스키타이는 박트리아 지방으로 들어갔고, 왕족 스키타이 중 일부는 신라로 건너오게 된다. 이 것이 아프가니스탄에서 신라와 유사한 유물이 발견되는 이유이다. 왕족 스키타이와 함께 이곳 박트리아로 들어온 월지족 즉 귀상(貴霜)족이 이 곳에 쿠산문명[18]을 건설한다. 월지족은 상인 스키타이이다. 귀상(貴霜) 이라는 뜻은 貴(귀할 귀), 霜(서리상)인데, 고귀한 흰 얼굴을 상징한다.

파미르 천산 부근은 고대 사카족의 고향이었다. 이들은 위험한 순간 에만 세상에 나올 뿐, 모든 인류에게 압제와 가해를 일삼지 않는 종족 이며, 붓다의 선조이다.

---

18 AD 78년 박트리아(bactria)의 쿠샨족 카니슈카(Kanishka) 왕은 그리스 세력을 몰아내면 서 서쪽으로는 이란, 동쪽으로는 중국의 한나라, 남쪽으로는 인도 대륙의 중심부까지 이 르는 대제국을 건설하였다.

서쪽에서 아틀란티스의 세력이 들어왔을 때 이들은 잠시 세상에 나왔고, 이때 세상으로 나온 후손들이 일군 문명이 바로 흉족이다. 다 같은 쥬신제국의 형제들이다.

박트리아 즉 아프가니스탄을 중국에서는 대하(大夏)라고 하는데, 사기의 흉노 열전에는 이런 얘기가 나온다.

"중원의 夏 나라(BC 2033~BC 1562년)시조는 匈奴 族이다."

성지의 땅, 아프가니스탄

1978년 아프가니스탄의 북부 틸라테페의 무덤 군에서 2만여 점의 황금유물이 발견되었다. 모두 BC 1세기 양식들로, 신라양식과 무척이나 유사한 금장식들이었다. 이 무덤 군이 발굴되고 다음 해, 소련이 아프가니스탄을 침공하였고, 무덤의 유물은 10여 년간의 내전으로 수많은 유물이 유실되었다.

소련붕괴 후, 미국이 탈레반을 지원하면서 탈레반이 정권을 잡게 되었다. 탈레반은 아프가니스탄 남부 파슈툰족으로, 몇 년 전 파슈툰족이 유대인이라는 기사가 나왔다. 이들은 근본이슬람주의자들로, 2001년 바미얀 석상을 파괴했던 이들로 유명하다. 미국은 자신들이 지원했던 탈레반과 또다시 전쟁을 치르게 되는 아이러니한 상황을 맞이하게 되었다.

미국은 이라크 및 아프가니스탄과 전쟁을 치르면서 그곳의 수많은 유적들을 약탈하였다. 미국과 소련의 전쟁목적은 인류평화를 위해서라고 하지만, 그 내막을 자세히 들여다보면, 자원전쟁이기도 하다. 또한, 뼈대 없이 세워진 서양문명의 기반을 흔들어 놓을만한 유물이나 유적들을 감추기 위한 의미도 포함된다.

이슬람과 기독교에 파괴적인 성향(반달리즘)을 가진 자들은 로마 용병을 거쳐, 중세 십자군 원정 때에도 용병으로 활동하였다. 유물과 유적을 부수고 약탈했던 파괴적 속성의 반달리안[19]은 이슬람과 기독교 양쪽에 침투되어 행동 요원으로 활동하였다. 민족과 민족을 분열시키고, 유물과 유적을 파괴하며, 종교라는 이름 아래 활동하였다. 이들은 순수 종교인이 아니라 정치적 목적으로 활용되는 용병들이다.

파괴된 바미얀 석불

---

19 반달리즘 성향을 가진 사람

06 스키타이/흉/훈(Huns)

흉이 상징하는 의미

신라의 시조라 불리는 흉노족은 중국에서는 [흉노]라고 부르고, 헝가리에서는 [훈]이라 부른다. 흉노와 훈 모두 스키타이가 멸망하고 난 뒤, 스키타이의 후예로 새롭게 등장한 이름이 [흉]이다.

중국의 뜻풀이로는 匈(오랑캐 흉)자에 奴(종 노)를 붙여 흉노(匈奴)라고 부른다. 흉(匈)자에는 숨겨진 상징이 있다. 이들 흉노를 흉/훈족이라고 명칭 한 후에 이야기를 이어 나가겠다.

BC 4~2세기경, 스키타이는 같은 유목계 민족인 사르마트인[20]에게 흡수되었다. 이 시기에 동쪽에서는 흉/훈족이 등장한다. 흉/훈족이 흩어졌던 유목 스키타이와 상인 스키타이(소그드인과 월지족) 그리고 장인 스키타이를 통합하면서 새로운 세력으로 드러나기 시작했다. 이때 왕족 스키타이는 박트리아를 거쳐 일부는 신라로 들어가게 된다. 신라인은 왕족 스키타이의 후예들이다.

---

20 BC 4세기 이래 남러시아를 중심으로 세력을 떨친 이란계의 유목기마민족

흉노의 후예인 신라와 고구려의 관계성을 한자를 통해 살펴보면, 먼저 고구려의 구는 '가운데', '가우리'를 뜻하는 구(句)자를 쓴다. 반면 흉/훈은 匈자를 쓴다. 비슷하지만 전혀 다른 두 글자 모양을 자세히 살펴보면, 句와 匈은 중심부에 무언가를 감싸고 있는 형상이다.

고구려는 口를, 흉/훈은 凶을 감싸고 있다. 고구려 '구(句)'자에 사용한 口입구는 닫힌 입구라서 안에 무엇이 들어 있는지 모른다. 그런데 흉/훈이 사용한 凶은 뚜껑이 열려서 안에 무엇이 들어 있는지 보인다. 아무래도 닫힌 口보다는 열린 凶을 감싸는 것이 더 다급하고 촉박해 보이는 건 사실이다. 오랑캐 흉(匈), 혹은 가슴 흉(匈)자는 아래와 같이 凶을 勹이 감싸고 있는 모양이다. 凶은 대단히 중요한 것처럼 보인다.

匈 = 勹 + 凶
오랑캐 혹은 가슴 흉 = 쌀 포 몸 + 흉할 흉

凶자를 살펴보면 위가 터진 그릇 안에 X가 들어있는 것이 마치 뚜껑이 열려서 흉하게 보이는 것 같다.

凶 = 凵 + 乂
흉할 흉 = 위튼 입구 몸 + 다섯 오

터진 입구 안에 들어있는 乂이 무엇이기에 뚜껑이 열리면 흉하다 했을까? ㄨ는 '다섯 오'이며, 오행(五行: 우주 만물을 이루는 다섯 가지 원소)을 나타낸다. 그렇다! 우주 만물을 이루고 있는 다섯 가지…….

이것이 잘 보관되지 않으면 재앙이 닥친다. 그래서 凶이 흉한 것이 되는 것이다. 우주 만물을 이루고 있는 다섯 가지 원소가 제멋대로 밖으로 나왔을 때 혹은 조화롭지 못할 때, 이것이 바로 재앙인 것이다.

우주 만물을 이루는 다섯 가지 원소인 목(木), 화(火), 토(土), 금(金), 수(水), 이것은 지구 가이아의 속성이다. 바로 '지구여신'과 관련된 원소이다. 火가 극을 치면 전쟁이 일어나고, 水가 극을 치면 자연재해가 일어난다. 오행이 조화롭지 못할 때 일어나는 재앙은 지구여신의 재앙이며 곧 판도라의 상자인 셈이다. '흉'은 지구여신의 판도라 뚜껑이 열리면 나타나는 수호기사이다. 그래서 이들 지구 어머니의 수호기사들은 늑대 아이콘을 쓴다.

X자 손 모양을 하고 있는 막달라 마리아
(사진 출처: [좌] Antolínez, Claudio José Vicente [우] Giovanni_Bellini)

『성배와 잃어버린 장미』에 보면 막달라 마리아의 상징을 X로 표시한다. X는 ▽와 △을 합한 모양으로, 여성과 남성을 상징하며, 칼날과 잔을 상징한다. 즉 '음양조화'를 이야기한다. 그래서 중세시대 그림들을 보면, 막달라 마리아 그림에 X의 상징을 넣어 그리곤 했다.

사슴과 늑대코드

흉노, 몽고, 돌궐, 훈은 늑대코드를 가지고 있으며, 지구여신의 수호 역할을 맡고 있다. 알타이 아버지는 동쪽으로 이동하면서 지구여신의 에너지를 보호하고자 수호기사인 늑대를 보냈다. [늑대의 후예 아틸라]에서 이야기했듯이, 몽고, 돌궐, 훈도 늑대상징 아이콘을 가지고 있다. 후대에 어리석은 지구의 자식들은 지구 어머니를 '마녀'라 불렀다. 그래서 마녀와 늑대인간은 함께 등장한다.

지구 수호자 역할을 맡은 종족에게는 늑대뿐만이 아니라 사슴의 아이콘이 있다. 사슴은 지구여신의 아이콘이기도 하다. 사슴의 아이콘은 무대륙(Mu大陸), 수메르, 몽고, 스키타이 등지에서 상징코드로 사용하였는데, 이는 바로 문명을 일구는 '지구여신'을 상징한다.

아래 그림을 보면, 나칼 비문[21]에 쓰인 무대륙 상징 언어와 수메르

---

21 제임스 처치워드에 의해 인도의 사원에서 발견된 고문서, 무대륙의 '성스러운 영감의 서'를 옮겨 적은 점토판이라고 한다.

유물이 비슷한 유사성을 보이고 있다. 나칼 비문에 쓰인 상징 언어는 T자 모양 옆에 뛰어오르는 사슴 모양을 나타냈고, 수메르 유물은 덤불 위로 뛰어오르는 사슴 모양을 조각하였다. 무대륙은 수메르의 모태 문명이기도 하다.

(좌) 나칼 비문에 쓰인 무대륙(Mu大陸) 언어 – 사슴(케)로 세상에 처음 나타난 인간을 상징
(우) 수메르 우르(푸아비 여왕)왕묘 – 덤불 속의 사슴

07 아리안의 뿌리는 흉/훈이다

나치는 왜 아리안을 끌어왔는가?

이란은 1935년 페르시아란 이름을 '이란'으로 변경하였다. 이란은 Iran으로, '아리안'이라는 뜻이다. 아리안 종족이 퍼져있는 지역은 이란, 이라크, 아프가니스탄, 팔레스타인, 파키스탄 등등이다.

여기에서 이상하지 않은가? 우리가 배운 기존의 지식으로 아리안은 백인인데, 왜 미국이 전쟁을 일으키는 지역들은 전부 아리안 종족이 퍼져있는 지역인가? 그리고 왜 히틀러는 순수 아리안족인 집시들을 몰살시켰는가?

아리안이라는 종족 명칭은 2차 세계대전 당시, 나치에 의해 분류된 정치적 개념이다. 순수 아리안 혈통을 보존하려 함이 아니라, 순수백인에 대한 우월성을 증명하고자 만들어진 정치적 이념이며, 실체 없는 논리이다. 이것은 아리안의 뿌리를 찾는 작업이 아니라 게르만의 뿌리를 찾는 작업이라고 해야 한다. 그들은 자신들의 선조를 찾아서, 종교이념이 아닌 국민의 의식을 한데 모을 수 있는 민족주의적 바탕이 필요했다. 그 뿌리를 찾아 나서다가 아리안을 만나게 되었고, 정작 그들은 게르만 선조의 우수함이나 문명의 흔적들은 찾을 수가 없었다. 따라서 그들은 다른 문명의 뿌리를 끌어와야만 했다.

히틀러가 그토록 죽이려 했던 유대인과 집시들을 보면, 집시야말로 아리안 중에 아리안이고, 유대인도 아리안의 혈통을 이어받았으며, 또한 히틀러가 제거하려 했던 유대인도 중동 및 아시안계 유대인이었다. 유대인 중에서도 순수백인은 제외되었다. 이것은 종족의 뿌리가 아리안이냐가 중요한 것이 아니라, 지금 현재의 모습이 백인이냐 아니냐에 달린 문제였다. 즉 철저한 인종 우월주의였다.

지금의 서양문명이 눈부시게 성장한 것은 과거 식민지전쟁과 2차 세계대전이라는 전쟁을 거쳤기에 성장할 수 있었다. 문명이 성장하려면 전쟁은 필수요건이 될 수밖에 없다.

문명의 뿌리가 없기에 문명을 가로채는 것이고, 역사를 왜곡하는 것이다. 이것은 '환부역조(換父易祖)'이며, 마치 노비가 양반 문서를 가로채서 양반행세를 하는 것과 무엇이 다른가?

백인들은 로마의 용병을 하면서 문명을 모방하고 학습하였으며, 로마가 이룩한 문명 위에 살고 있다. 그리고 이들의 문명이란 유라시아 대륙과 아메리카 등지의 유물들을 약탈하여 자신들의 박물관을 만들어 놓고, 그것을 자신들의 것인 양 착각하게 만들었다. 이라크, 이란, 아프가니스탄에서 사라진 유물들은 대부분 영국과 프랑스의 박물관에 전시되고 있다. 물론 전쟁 통에 사라질뻔한 유물들을 지금까지 소중하게 지키고 보호하는 역할적 측면은 분명히 존재한다.

• 나치의 아리안이란, 아틀란티스계 백인

그렇다면 아리안의 실체는 무엇인가? 결론부터 말하자면, 나치가 이야기하는 아리안이란 아틀란티스계 순수 백인 혈통을 이야기한다. 순수 아리안을 가리키는 것은 아니다. 아리안이라는 뿌리 위에 백인을 얹어놓았을 뿐이다. 그래서 그들은 역사 속에서 아리안의 흔적을 지워야만 했다. 종전 후 나치의 덕을 톡톡히 본 미국은 악의 축이라 명명된 이란, 이라크, 아프가니스탄 속에 살아 숨 쉬는 정신의 혼을 끊어놓으려 했다.

언론이란 매체는 한 나라를 원시 미개인이나 테러리스트로 만들 수도 있고, 문명과 신사의 나라로도 만들 수도 있다. 이러한 면을 보면 미디어의 힘이 얼마나 큰지를 느낄 수 있다. 그만큼 우리는 언론이 지배하는 의식에 휘둘리며 살고 있다.

• 2차 세계대전은 물질실험장이었다

서양 백인들이 지금의 문명을 이룩할 수 있었던 것은 식민지전쟁과 1, 2차 세계대전을 통해서이다. 식민지 전쟁을 통해서 수많은 땅과 문명의 약탈을 일삼았고, 1, 2차 세계대전을 통해서 인종실험과 각종 전쟁무기실험 등으로 물질문명을 이룩하였다. 그 실험 데이터를 토대로 의학, 무기, 산업 등이 급속도로 성장할 수 있었다. 독일과 일본에 의해 자행된 실험들은 모두 전쟁이 끝난 후, 미국의 손으로 들어가게 되었다. 즉 판은 독일과 일본이 깔고, 덕은 미국과 유럽이 본 셈이며, 약탈은 쥬신제국이 당했다.

아리안의 정의는?

인도유럽어를 쓰고, 남러시아 일대 초원에서 발생한 유목민이다. 코카서스 계통의 백인으로, 푸른 눈과 금발 머리를 갖은 사람을 지칭한다. 이들은 훗날 팔레스타인, 이란, 인도 등지로 퍼졌다고 한다.
-이는 서양학자들의 결론이다-

여기에서 중요한 것은 고대로부터 남러시아 일대는 스키타이의 주 무대였다는 사실이다. 스키타이는 흑해와 카스피해(코카서스) 사이의 지방, 지금의 남러시아 일대에 BC 1000여 년 전부터 살아왔다. 이들 스키타이는 연합제국으로, 주 무대는 동유럽과 터키, 러시아 일대(카자흐스탄, 우즈베키스탄, 키르키스탄), 아프가니스탄, 파키스탄 등의 지역에 광범위하게 분포하던 제국이다. 이들 스키타이를 서양에서는 스키타이, 동양에서는 흉(匈)이라고 불렀다.

여기에서 다시 흉/훈의 고대로 올라가 사마천의 흉노 열전에 "하나라의 시조는 흉노이다."라고 언급한 글이 있다.

하나라(BC 2070년경~ BC 1600년까지)는 후대에 대하(大夏)로 이어졌는데, 대하(大夏)는 아프가니스탄을 가리킨다. '하'를 Khar(하르, 카르)라고 하는데, 여기에서 다시 훈족의 주 터전이 남러시아 일대였고, 그 뒤에 AD 600년경 하자르가 그곳에 터전을 잡는다. 그리고 이들 하자르는 현재의 아슈케나지로 알려졌다. 또한, 백색 훈족이라 알려진 '헤프탈'도 남하하여 아프가니스탄을 점령한 때가 있었다. 이는 모두 스키타이 연합국 내에서의 주도권 다툼이었다.

하(夏)나라, 흉(匈), 대하(大夏), 훈(Hun), 하자르(khazɛr)는 스키타이 연합제국 중 하나였으며, 쥬신제국에서 뻗어 나간 가지이다. 나라 이름 소리에 모두 'ㅎ'이 들어가 있다.

흉/훈은 쥬신제국의 주요 일원이자 형제이며, 스키타이로 알려졌다. 흉노가 스키타이 연합국을 통합하고, 연합제국은 각각의 지역에서 대하, 소그드, 월지, 호 등으로 알려졌다. 이후 훈이 유럽까지 세력을 확대했고, 또 해체된 그 자리에 하자르라는 왕국이 세워졌으며, 하자르가 멸망하자 이들이 동유럽으로 들어갔다는 이야기가 펼쳐진다. 이때만 해도 하자르는 몽골리안 얼굴이었다. 이들 하자르인이 백인화된 것은 2차 세계대전을 거치면서 급속도로 혼혈이 된 것으로 보인다. (인구는 1, 2차 세계대전을 거치면서 급속도로 불어났다.)

결론적으로 히틀러는 아리안의 뿌리를 가지고 있는 아시안계, 즉 흉/훈(쥬신계)를 말살하려는 의도를 가지고 있었건 것으로 봐야 한다.

서쪽은 독일로 하여금 흉/훈(쥬신계)를 치고, 동쪽은 침투된 일본세력에 의해 알타이 쥬신계를 쳤다. 그리고 이대 대대적인 유적발굴과 더불어 문서의 분류 및 정리를 통해서 세계사가 왜곡되어 쓰인 것으로 보아야 한다.

08 미다스 손과 자유의 상징 [프리기아 모자]

〈민중을 바리케이트로 이끄는 자유〉 1831년 작

위 그림은 프랑스 공화정이 들어서면서 채택된 자유의 상징을 담고 있는 그림이다. 유럽의 왕정이 붕괴되고 공화정이 들어서면서 왕국과 반대되는 상징으로 '마리안느'라는 이름의 여성이 프리기아[22] 모자를

---

22 아나톨리아의 중서부에 있었던 왕국이다. 프리기아 인들은 초기 역사에 브루게스(브리게스)라는 이름으로 마케도니아 지방에 살았다.

쓰고 혁명 전선으로 뛰어들고 있다. 마리안느가 쓰고 있는 붉은 모자가 바로 자유를 상징하는 프리기아 모자이다. 만화 파파 스머프의 모자이기도 하다.

여기에서 프리기아는 BC 600년경, 아나톨리아 반도어 있던 종족으로, 스키타이 연합 중 하나이다. 이때는 스키타이 연합ㅇ 잘나가던 시절이었다. 프리기아는 그중에서도 금을 잘 다루는 종족으로, 만지는 것마다 금으로 변한다는 '미다스 손'을 가진 미다스 왕이 프리기아의 전설적인 왕이다. (우리나라 사람들도 머리가 좋고 재주가 뛰어난 미다스 손들이 많다.)

프리기아인은 장인 스키타이

프리기아는 스키타이 중에서 장인 스키타이에 속한다. 장인 스키타이는 주로 여성들이 활발히 참여하였다. 이들은 금속을 잘 다루는 종족이었다. 금이 많은 흑해 주변에는 장인 스키타이 제후국들이 많이 모여 살고 있었다.

스키타이 연합제국에는 많은 여성이 여왕의 지위에 있었다. 우리나라만 보더라도 같은 흉/훈계의 신라에서 선덕여왕을 비롯하여 몇몇 여왕이 있었던 것처럼, 스키타이는 서쪽의 여성과 연관이 많으며 여성들의 지위도 높았다. 문제는 이 여성들의 지위가 아틀란티스계 백인들이 침투하면서부터 역전이 되었다는 점이다.

페르시아의 키루스 대왕[23]도 카스피해 근처로 스키타이 원정에 나섰다가 죽음을 맞이하였다. 스키타이 연합국 중 하나였던 마사게타이국의 토미리스 여왕[24]에게 죽음을 당한다. (아들에 대한 복수였다.) 또한, 켈트족의 무덤에서도 여왕의 무덤들이 발견되곤 하는 것을 보면, 고대 스키타이-흉은 여성의 지위와 남성의 지위가 동등했던 것으로 유추된다.

프리기아에서 주로 사용한 민족적 상징과 모티브를 살펴보면, 왕관을 쓴 왕, 사냥터의 수사슴 그리고 여러 동물, 양식화된 백합, 서로 마주 보고 있는 1쌍의 외뿔소 등이 있는데, 이런 모티브는 스키타이의 전형적인 모티브와 동일하다.

미다스 손과 '임금님 귀는 당나귀 귀'

우리나라 전설 중, 신라 경문왕 설화인 '임금님 귀는 당나귀 귀'의 전설과 똑같은 전설이 프리기아 미다스왕 전설에 잘 나온다. 이것은 신라가 스키타이-흉/훈의 기원을 갖고 있기에 똑같은 전설이 전승되어 내려오는 것이다.

신화의 내용을 보면, 미다스 왕이 디오니소스의 친구이자 숲의 신인 '실레노스'를 사로잡았으나 매우 친절하게 대해주어 디오니소스가 그 보

---

23 페르시아 제국의 건설자 (재위 BC 559~BC 529).
24 헤로도토스 〈역사〉에 따르면 토미리스 여왕의 아들이 키루스 대왕에게 잡히자, 수치심으로 자살했고, 그에 대한 복수를 한 것으로 전해진다.

답으로 그의 소원을 하나 들어주겠다고 했다. 그의 소원은 그가 만지는 모든 것을 금으로 변하게 해달라는 것이었다. 음식마저 금으로 변하여 거의 굶어 죽게 된 그는 자기 잘못을 깨닫는다. 디오니소스는 그에게 팍톨루스강(지금의 터키 사르디스 근처)에서 목욕하게 해서 벗어나도록 했으며, 그 후 그 강에는 사금이 생기게 되었다고 한다.

다른 이야기로는 미다스가 아폴론과 숲의 신 '판' 혹은 '마르시아스'의 음악 경연의 심판을 보다가 판의 승리를 선언하자, 화가 난 아폴론이 그의 귀를 당나귀 귀로 만들었다. 귀를 두건으로 감추고 다니던 미다스는 이발사에게만큼은 자신의 귀를 감출 수가 없었다. 아무에게도 절대 말하지 말라고 부탁했으나 이발사는 참지 못하고 땅바닥의 구덩이에 비밀을 털어놓고 구덩이를 메웠다. 그 후 그곳에서 자란 갈대가 바람이 불어 흔들릴 때마다 "미다스 귀는 당나귀 귀"라는 말이 갈대밭에서 들려왔다고 한다.

두 번째 전승에서 보듯이, 이때 미다스 왕이 쓴 모자가 프리기아 모자라고 한다. 이 프리기아 모자와 스키타이 모자는 거의 유사하다.

스키타이 복장

프리기아(Phrygia) 모자란?

자유의 상징처럼 여겨지는 프리기아 모자는 부드러운 펠트나 양모로 만든, 머리에 꼭 눌러 쓰는 원추형 모자이다. 마치 고깔모자처럼 생기기도 하였는데, 이 모자를 서양에서는 '프리기아 모자'라고 부른다.

로마에서는 자유의 몸이 된 노예들이 이 모자를 썼다고 한다. 그만큼 고대 서양은 대부분 스키타이의 영향에 있었으며, 스키타이 문화가 서양 곳곳에 퍼져 있었다. 이런 상징을 담고 있는 프리기아 모자는 프랑스혁명 당시, 혁명가들에 의해 채택되었고, 빨간색의 프리기아 모자는 자유를 상징하게 되었다. 문화의 바탕이 없는 서양인들은 자신들이 보고 배웠던 로마의 문화와 로마의 공화정을 부활시켜 자신들의 문화로 발전시켰다.

고대 그리스에서는 프리기아 모자를 동양인들이 쓰는 모자라고 칭하였다. 그런데 원래 노예들은 모자를 착용하지 못하였고, 노예에서 해방되었을 때 비로소 모자를 쓸 수 있다는 것을 보면, 그때 당시 동양인들은 높은 지위에 있었음을 알 수가 있다.

서양에서 18세기에 이 모자가 다시 등장했다는 것은 서양인들이 이때서야 비로소 동양의 정신문명(쥬신제국)으로부터 의식적인 해방을 맞이했다는 것이다. 이것은 그동안 눌려있던 여성의 해방과 더불어 진행되었다. 중요한 것은 서양인들이 의식적인 백그라운드로 '어머니'를 선택했다는 점이다.

서양의 문명이란 17~18세기부터 본격적으로 시작되었다고 봐야 한다. 이때부터 서양인들의 물질적 역할이 수면 위로 부각되기 시작하였다. 물질문명의 틀은 1, 2차 세계대전을 통해 수많은 실험을 거치면서 확립되었으며, 전쟁은 서양의 물질문명을 일구는데 커다란 공헌을 한 셈이 되었다.

프리기아의 여신 키벨레(Cybele)

프리기아에서는 대지의 여신이자 어머니의 원형인 '키벨레[25]'를 모신다. 이 키벨케 전승은 인안나와 두무지의 결혼의식에서 유래된 것이다.

지구여신으로부터 왕의 지위를 얻는 자가 이 땅의 주인이 되는 것이다. 서양이 키벨레 전승을 끌어오게 된 배경은 로마로 소급된다.

로마에 키벨레 여신이 도입된 것은 로마와 카르타고 전투 때이다. 계속되는 비구름으로 전투를 할 수 없게 되자 신탁을 의뢰했고, 그 결과 신탁은 프리기아의 위대한 여신 숭버를 로마에 도입하여야만 적을 물리칠 수 있다고 하였다. 그때부터 키벨레 여신은 로마에 도입되었다. 이는 대지의 여신이자 지구여신의 힘을 빌려 승리를 하겠다는 의지의 반

---

25 소(小)아시아 북부 프리지아에서 숭배되었던 대지의 여신

영이었으며, 고대 전승의 부활이었다.

  지구여신의 이름은 우리나라로는 '마고할미'이고 수메르에서는 '인안나'이며 아나톨리아는 '키벨레'로 불렸으며, 이 모두 '지구 어머니'의 원형이다.

  그동안 서양에서 마녀로 학대받던 어머니를 정신의 백그라운드로 삼은 것이며, 아버지의 '질서'를 대신할 만한 코드로서 어머니의 '자유'를 내세우게 되었다. 물질이 최고를 달리는 지금의 시대는 어머니의 시대이다.

Chapter 03

환생과 카르마

봄, 여름, 가을, 겨울 그리고 또 봄이 찾아오듯,
죽은 듯 보이는 나무가 다음 해에 새싹을 피우듯,
나무는 한 해 두 해 지날수록 더욱 단단한 나이테를 두른다.
마찬가지로 우리의 영혼도 그렇게 삶과 죽음을 반복하면서
영혼의 테를 두르고 성장한다.

01 환생과 카르마

〈치우천왕의 부활〉은 인류역사의 카르마와 그 이면에 감추어진 의미를 영적인 차원에서 접근한 글이다. 전체 글의 이해를 돕기 위해 이번 3장은 [환생과 카르마] 그리고 [영적 존재와 사념]에 관하여 이야기하고자 한다. 내용이 다소 어려울 수도 있으나, 이 내용은 자신의 주체성을 찾는 데 있어서 도움이 되는 내용이니 참고하길 바란다. 실생활에서도 자신에 대해 끊임없는 관찰과 분석, 그리고 성찰과 실천을 통해 삶의 진정한 주인이 되길 바란다.

환생이란?

인간은 태어나고 죽는다. 죽으면 모든 것이 끝일까? 그럼 내 안에 나의 존재를 인식하는 주체는 누구일까? 기계가 아닌 이상, 대부분 사람은 우리에게 영혼이 있다는 것을 받아들일 것이다.

봄, 여름, 가을, 겨울 그리고 또 봄이 찾아오듯, 죽은 듯 보이는 나무가 다음 해에 새싹을 피우듯, 나무는 한 해 두 해 지날수록 더욱 단단한 나이테를 두른다. 마찬가지로 우리의 영혼도 그렇게 삶과 죽음을 반복하면서 영혼의 테를 두르고 성장한다.

그렇다면 우리의 영혼은 이번 생에 새롭게 창조된 영혼일까? 육체는 수천 번의 탄생과 죽음을 맞이하지만, 영혼은 완성에 도달할 때까지 성장을 멈추지 않는다. 껍데기 육신만 계속 교체가 될 뿐이다.

지구는 영혼성장의 학교이다. 영혼은 육체라는 몸을 통해서 체험하고 학습한다. 우리의 몸은 우리가 운전하는 자동차와 같이, 내 영혼도 내 몸을 운전한다. 영혼이라는 에센스가 담긴 컵을 육체라고 보았을 때, 컵 안에 담긴 물은 영혼에 해당하며, 물의 모양은 컵의 모양에 따라 달라질 뿐, 그 성질이 물이라는 것은 동일하다. 이렇듯 우리의 영혼 에센스는 물과 같이 하나의 에센스에서 비롯되었다.

환생이란? 우리의 영혼이 육체의 탄생과 죽음을 반복하면서 다시 태어나는 것을 말한다. 다시 태어나는 영혼은 전생의 카르마를 짊어지고 태어난다. 전생에 못다 푼 한의 응집체를 그대로 가져오게 된다. 전생의 경험은 무의식 속에 담겨 Zip파일로 묶여 있다가 어느 시점에 이르면 활성화가 된다.

왜 환생하는가?

그렇다면 왜 환생을 할까? 지구에서 탄생과 죽음은 깨달음의 장치이다. 육체적 몸을 받아 환생하는 이유는 물질지구의 경험 속에서 쌓여진 카르마 때문에 육체로 다시 환생하게 되는 것이다.

카르마란 갚지 못한 에너지 빚을 말한다. 우리는 우주의 에너지를 빌려 쓰고 있을 뿐이다. 우리가 우주로 내보낸 에너지는 메아리처럼 다시 되돌아온다. 이것이 카르마의 작용/반작용 법칙이다.

'인과의 법칙' 이것이 카르마의 법칙이다. 내가 한 행위에 대한 결과는 반드시 되돌아온다. (내가 만들어낸 생각을 비롯하여 내가 창조한 모든 것들은 우주에 기록된다.) 다만 그 시기와 때는 다를지라도 돌고 돌아 언젠가는 다시 나에게 돌아온다는 것이 우주의 법칙이다. 지금은 카르마를 돌려받는 시간이 짧아졌다. 과거에는 몇 생을 돌아오기도 하였으나 과학기술의 발달로 소통의 시간이 짧아졌고, 또 새로운 주기로 들어선 현재는 카르마가 바로바로 되돌아온다.

육체의 환생 상태는 어떻게 결정하는가?

그러면 어떻게 다시 환생할까? 물질지구 속에서의 경험과 체험, 그리고 자신이 지닌 카르마가 태어날 환경을 세팅한다. 철저히 인과의 법칙에 따라 환경이 설정되는 것이다.

영혼이 지구로 나려올 때, 어떤 인연들을 만나 무엇을 경험할 것이며, 또 삶을 통해서 무엇을 배울 것인가에 대한 대략적인 스케줄을 짜고 내려온다. 우리가 지구의 물질 옷을 입기 위해서는 몇 년 혹은 몇 천 년을 기다릴 수도 있다. 태양과 달, 그리고 별의 움직임을 고려하여 자신이 타고난 운과 개척해야 할 운을 적절하게 조합하여, 자신의 인연과 카르마가 맞아 떨어지면 육체로 들어올 수 있는 통로가 열린다. 지구에서의 경험은 영혼 성장의 발판이 되며, 우주라는 대 자아의 소중한 정보가 된다.

자신과 전생의 인연이 있는 부모의 몸을 통해서 물질 옷을 입고 세상으로 나온다. 부모는 전생에 나의 형제, 자식, 친구, 연인일 수도 있다. 부모와 자식 간의 연은 카르마가 깊으므로 부모와 자식 간의 연을 맺는 것이다. 부모가 자식에게 아낌없이 베푸는 것은 전생에 자식으로부터 큰 은혜를 입었기 때문이다. 그래서 이번 생에는 부모가 되어 자식에게 무한정 베풀게 되는 것이다. 자식이 부모님 속을 썩일 때 부모들이 자주 하는 말씀들이 있다.

"내가 전생에 무슨 죄를 많이 지어서…"

일정 기간 부모와의 카르마가 끝나고 나면 새로운 인연들이 세팅되어 들어온다. 빚이 가장 많은 순서가 가장 먼저 인연으로 엮이는 것이다. 나의 주변 가족, 친구, 동료는 나와 전생의 인연 줄이 있기에 만날 수 있는 것이며, 그들은 나의 카르마의 일부이다. 또한, 관계성 속에서 자신을 비춰볼 수 있는 좋은 거울이며 스승이다. 따라서 나에게 일어나는 모든 일이 왜 일어났으며, 그 원인은 무엇이고, 앞으로의 결과는 어떻게 펼쳐지는지에 대한 관찰이 필요하다. 즉 나에 대해 관찰이기도 하다.

자신에 대한 관찰은 나를 알아가는 과정이며, 카르마를 풀기 위한 첫 걸음이다. 카르마를 해소하는 방법의 하나가 바로 깨달음이다. 나에게 발생한 일들의 원인과 결과를 깨달으면 카르마는 없어진다. 즉 원인을 찾으면 관성에 의해 반복되는 선택이 아닌, 카르마를 풀 수 있는 결과들을 만들어낼 수 있다. 그렇기 때문에 카르마가 해소된다고 하는 이유이다. 모든 것은 내가 만들어낸 결과가 되돌아오는 것이니, 남 탓하지 마라. 세상에 이유 없는 일은 일어나지 않는다.

카르마는 반복된다

인간은 한 번, 두 번 하면 습관이 되어 같은 행동을 반복하게 된다. 카르마도 반복된다. 어떤 행위를 한번 행하였을 때 고쳐지지 못하면 그 행위는 또다시 습관처럼 반복된다. 자신의 행동이 잘못되었음을 인지할 때까지 비슷한 상황을 계속 연출하고 반복하게 된다. 자신의 행동이 사기를 불러오는 행동이었음에도 불구하고 비슷한 패턴의 반복으로 또다시 사기를 당한다. 현생에서 바로잡히지 않은 것은 다음 생에서도 그대로 반복된다.

이것은 매번 태어날 때마다 포장지는 다르지만, 내용물은 똑같은 선물을 계속 받는 것에 비유할 수 있다. 매번 태어나는 인생에서 다른 삶을 살 것으로 생각할지 모르지만, 우리는 비슷한 패턴의 삶을 반복하고 있다. 의식이 바뀌지 않으면 매번 똑같은 행동을 하고, 똑같은 결과를 맞이하게 된다. 비슷한 실수를 저지르면 저지를수록 카르마는 해소

되는 것이 아니라 쌓여만 가게 되며, 일은 점점 꼬이게 된다.

카르마의 무게가 무거워지면 우리의 육체는 처리해야 할 숙제가 많아진다. 즉 카르마의 한계점에 도달하면 몸은 자체정화에 들어간다. 이것은 지구에도 적용되는 것이며, 지구에 발생하는 지진, 태풍, 해일 등도 지구의 정화 작용 중 하나이다.

왜 전생을 기억하지 못하는가?

전생을 기억하면 실수도 안 하고 좋을 텐데, 왜 신은 전생 기억을 막아 놓았을까?

나의 주변에 세팅된 가족관계에는 악연과 선연의 인연이 있다. 주변의 인물이 나를 죽였던 장본인일 수도 있고, 내가 그러한 장본인일 수도 있다. 그렇기 때문에 전생을 기억하지 못하는 것은 신의 배려이자 자비이다.

그만큼 자신이 그러한 카르마를 받아들일 준비가 된 사람에게는 전생의 기억문이 가끔 열린다. 꿈을 통해서 열리기도 하고 또는 인연과의 관계성을 통해서 유추해나갈 수도 있고, 자신을 분석함으로 인해 전생을 들여다볼 수도 있다.

자신의 현재 모습은 전생의 반영이다. 전생의 모습은 현생의 모습과 동떨어지지 않는다. 따라서 자신의 현재의 습성, 습관, 취향, 가치관 등을 통해서 자신의 전생을 유추해 볼 수가 있다. 자신이 전생에 왕이나 왕비였다고 하는 사람이 있다면 현생의 모습을 보라! 그 모습 속에 왕의 마인드와 자태가 들어있는지……

좋은 카르마, 나쁜 카르마

카르마는 인연을 통해서 나타난다. 그중에서도 부모와 자식 간의 카르마가 가장 크고 세다. 좋은 카르마는 영혼의 발전을 가져오지만, 나쁜 카르마는 영혼의 구속을 가져온다. 끈끈한 가족관계는 대부분 악연인 경우가 많으며, 가족이라는 혈연의 끈으로 엮어져서 이러지도 저러지도 못하는 상황을 만들어낸다. 서로서로 구속하는 관계성을 만들어가며, 결국엔 서로서로 죽이는 형국으로 치닫는다. 그래서 카르마가 그토록 힘든 이유이다. 물론 이것은 서로의 관계성을 통해서 그 안에서 깨달으라는 가르침의 장치이기도 하다. 사실 좋은 카르마, 나쁜 카르마란 없다. 모든 것은 여러 차원의 의미와 이유가 내포되어있기 때문에 '좋다', '나쁘다'라고 표현하는 것이 무의미하다.

그래도 쉽게 이해하기 위해 좋고 나쁨을 구별하여 설명하고자 한다.
악연과 선연을 구분하는 방법은 선연은 나와 상생하는 인연이며, 악연은 나와 상극하는 인연이다. 상생은 나아가는 힘이고, 상극은 멈추게 만드는 힘이다. 상극은 시간을 지연시키는 상황을 만들며 차로 표현하자면 브레이크와 같다. 즉 상생은 엑셀, 상극은 브레이크다.

악연은 영혼을 구속하며 서로 에너지를 뺏고 뺏긴다. 에너지를 뺏고 뺏기다가 결국엔 파멸로 치닫게 된다. 따라서 악연은 나의 카르마에서 비롯된 연이므로 피할 수 없는 선택으로 다가온다. 이러한 연을 만난 이유를 통해서 깨닫는 수밖에 없다. 카르마가 세면 셀수록 그만큼 크게 성장할 수 있다.

02 영적 존재와 사념

귀신은 무엇인가?

우리의 영혼이 물질 옷을 입고 지구의 생활을 하다가 죽으면 '영혼의 대기소'로 들어간다. 영혼의 대기소는 빛을 따라가는 곳이며, 다음 생을 준비하는 탄생의 장소와 같은 곳이다. 이곳을 천국 내지는 하늘이라고 하나, 이곳은 지구 영계의 하늘이다. 물질 차원의 하늘이 아니다.

이곳 영혼의 대기소에서 카르마를 담당하는 신과 Z-신의 카르마와 인연을 논의하고 세팅한 뒤, 해, 달, 별 등 천궁도의 주기가 맞아떨어질 때 지구로 환생한다. 그런데 이 과정 중에서 인간이 죽고 난 뒤, 자신이 죽은 줄 깨닫지 못한 채 물질에 대한 집착이 많은 사람, 혹은 억울하게 죽은 사람, 한을 남기고 죽은 사람은 영혼의 대기소로 들어가지 못한다. 이들은 이승을 배회하며, 영계로 들어가는 길을 잃고, 자신의 인연들 주변을 맴돌다가 자신과 비슷한 파장을 가진 사람이나 물체 등으로 스며들어 간다.

예전 살아생전의 습대로 인간의 몸에 빙의하여 반복된 행위를 하는 죽은 영혼이 바로 '귀(鬼)'이다. 비유하자면 귀(鬼)는 집 없는 영혼이라고

할 수 있다.

간혹 조상 중 자식이 걱정되어 이승을 떠돌기도 하나 별로 바람직한 행위는 아니다. 부모는 자식이 걱정되어 머물고 있으나, 자식에게는 부모 영이 빙의되고 있는 것이다.

조상 귀들도 대부분 4대가 지나면 희미해진다. 지금 현재 태어나 있는 사람들은 대부분 18~19세기 때 사람들이 많다. 따라서 과거의 역사가 현재에도 비슷하지만 다른 형태로 반복되고 있다. 우리나라는 조상 귀들을 달래주어 저승으로 돌려보내기 위해 제사를 지낸다. 이는 조상귀신을 섬기는 것이 아니라, 조상의 얼을 기리는 것이며 또한, 조상 귀신의 한을 풀어주어 저승으로 보내는 의식이다.

귀는 인간의 몸에 기생한다

귀(鬼)는 헛것(실체가 없는)이 보이는 것보다도 인간을 통해서 드러나는 것이 더 무서운 법이다. 형태를 갖지 못한 귀는 힘이 없지만, 인간에게 빙의된 귀는 인간의 생기를 에너지원으로 힘을 얻는다. 귀는 인간을 통해서 움직이며 인간의 감정을 조종한다. 또한, 대부분 귀는 인간의 사념과 합해져 힘을 발휘한다.

연예인, 사업가들도 신기로 움직인다. 무당만 신으로 움직이는 것이 아니다. 종말에는 떨어지는 낙엽에도 빙의가 든다고 하는데, 대부분 사람이 사념체 빙의어 의해 움직인다. 그러나 자신은 인지하지 못한다. 내 안에서 나의 의식을 점령당했기에 나로 착각하는 것이다.

귀가 제일 많은 곳이 교회와 절이다. 요즘은 귀들이 절보다는 교회를 선호한다. 귀들이 모여 거대한 성을 이루고, 그중에 가장 힘센 놈이 하나님 역할을 맡고 밑의 귀들을 조종한다. 잦은 시기, 질투, 싸움이 많은 곳이 바로 교회이다. 방언과 성령의 은사를 받았다는 것은 곧 귀신 특히 조상귀신이 들어왔다는 신호로 알면 된다. 이때부터 조상귀신의 숙주가 되는 것이다. 즉 귀가 내 몸에 터를 잡았다는 이야기이다. 귀도 연이 있어야 들어올 수 있다.

사념체란 무엇인가?

살아있는 인간의 영혼이 만들어낸 관념의 찌꺼기가 사념체이다. 이 사념과 귀가 만나면 거대한 힘을 발휘한다. 자신이 만들어낸 사념과 귀가 합해지면 귀가 내가 되고, 내가 귀가 되어 나의 육신이 귀신의 집이 되는 것이다.

나의 주체적 자아는 사라지고 귀에게 나의 육신이 점령당하게 되면 나의 원신과 귀신과의 충돌이 생기고, 그 속에서 내 몸을 치게 만든다. 귀(鬼)는 나의 에너지원을 먹고 사는 기생체이기 때문에 나의 에너지가 다 빨리고 나면 귀(鬼)는 다른 숙주를 찾아 이동을 한다. 즉 내가 죽어야 끝나는 게임이다.

인간의 사념은 영계에 복제된다. 즉 인간의 생각이 영계에 신도 만들고 집도 만들 수 있다. 강한 사념은 물질화가 되기도 한다. 인간의 사념이 영계차원을 만들고, 만들어진 영계차원에 의해 인간의식이 조종당한다. 따라서 인간 의식이 바뀌면 영계도 바뀐다.

귀와 사념이 결합된 조직

귀와 사념이 결합하면 거대한 힘을 만들어낼 수가 있다. 하나의 피라미드조직이 형성되는 것이다. 이 힘은 막강하여 한번 형성되면 자체 에너지원을 돌릴 수가 있다. 그러나 이 에너지원은 한계가 있다.

이것은 일종의 '계'로 비유할 수 있다. '계'란 친분 있는 사람들끼리 매달 돈을 모아서 한 사람에게 몰아주고 돌아가면서 돈을 타는 것이다. 점점 시간이 지날수록 한번 받아먹은 사람은 돈을 내는 것이 아까워지고 한 번, 두 번, 거르기 시작하거나 계주가 모인 돈을 가지고 돈놀이를 하다가 돈이라도 떼이면 이때부터는 점점 파국으로 접어든다. 뒤로 갈수록 돈은 계속 부족하고 모자란 돈은 메꾸기가 힘들어진다. 이때의 해결책이 새로운 회원을 들이는 것이다. 돈을 내는 회원을 늘려야 어느 정도 시간을 끌 수 있기 때문이다. 즉 밑 빠진 독에 물 붓기가 된다.

대체로 종교단체에서는 이와 비슷한 방법으로 에너지를 돌린다. 계속되는 회원을 양산해야만 하는 구조이다. 그래서 끊임없는 전도를 해야 한다. 전도를 하는 이유가 같이 천국에 가기 위해서라고 하는데, 이말 뒤에 숨은 의미는 물고 물리는 에너지원이 되라는 말이다. 마치 다단계와 같은 구조이다. 자신들이 돌리는 에너지원을 통해서 치유도 하고 광도 받고 하나님이 은혜를 베풀어 잘 풀리는 것처럼 보이지만 이는 잠시 마약 주사를 맞은 것 같다.

나의 주체성을 찾아야 한다

귀는 카르마와 같이 맞물려 돌아간다. 과연 귀의 에너지원이 될 것인가? 아니면 내 몸과 마음 그리고 영혼의 주인이 될 것인가? 선택은 본인이 하는 것이다. 내가 나의 주인이 되려면 나에게 걸쳐져 있는 카르마 때를 씻어내야 한다. 카르마를 끊어낸다는 것은 어디에도 걸림이 없다는 뜻이다. 즉 멈추지 않고 앞으로 나아가는 것이다.

카르마는 나를 정지시키고 구속하며 나를 단련시킨다. 나의 자아가 성숙할 때까지 자신을 괴롭히고 나아가지 못하게 발목을 잡는다. 카르마에 묶여있는 동안은 꼼짝없이 한 발자국도 나아갈 수가 없다. 이 카르마가 끝날 때 비르소 인연으로부터 자유로워지고 진정한 나의 길을 걸어갈 수가 있다. 그러기 위해서 우리는 끊임없이 나를 관찰하고 연구해야 한다. 이것은 힘든 나와의 싸움이다. 나를 이기는 자가 진정한 영웅이다.

Chapter 04

흉/훈과 게르만족

주신제국의 아들들은 동쪽에,
그리고 쥬신제국의 딸들은 서쪽에 위치하였다.
쥬신제국의 후예들은 18~19세기 무렵부터
한반도로 모여들기 시작했다.

01 의식의 전환점에
   단군, 석가, 예수가 있었다

단군조선이 문을 닫고 BC 100년에서 AD 100년경, 세계는 새로운 의식의 전환점을 맞이하게 되었다. 이 전환점에 단군, 석가, 예수가 있었다. 물론 석가는 BC 500년경의 인물이지만, 이 시기에 붓다 사상이 남방지역에 펼쳐지기 시작했다.

천자였던 단군조선의 뒤를 잇기 위한 치열한 전쟁에서 천자의 직계라인은 북부여의 해모수에게 이어졌고, 더불어 세계의 흐름은 예측할 수 없는 상황으로 펼쳐졌다.

동쪽에서는 북부여의 해모수가 단군의 계보를 이은 후, 즈몽에 의해 고구려가 탄생이 되었고, 백제가 탄생하였으며, 서쪽은 그리스도라는 의식 줄을 가지고 의식전쟁이 치열하게 펼쳐지고 있었다.

동쪽과 서쪽을 잇는 다리에 흉/훈이 있었다. 흉/훈은 내부 분열로 인해 새로운 판을 까는 상황을 초래하게 되었다. 그중에서 서쪽으로 이동한 흉/훈은 훈(Huns)이라 불리며, 흑해와 카스피해 사이에서 새로운 운을 맞이하고 있었다. 훗날 훈족은 북쪽에서 내려온 백인 바바리안을 치면서 세계의 향방을 바꾸어 놓는다.)

이때 서쪽은 강력한 로마가 등장하였고, 로마의 카이사르 시저는 이집트의 클레오파트라와 연대를 하면서 해가 지지 않는 로마제국을 만들어가고 있었다. 그즈음 중간에 있던 흉/훈(Huns) 중에서 남쪽으로 이동한 무리는 불교를 받아들이게 된다.

단의 혈통을 잇는 천손족(天孫族)인 고구려와 백제, 그리고 불교 사상을 받아들인 신라, 서쪽의 기운을 몰고 온 가야가 이 무렵 쥬신연합 제국을 이루었다. 이 시기는 점성학적으로 양자리에서 물고기자리로 넘어가는 시기로, 새로운 의식의 바람이 불고 있었다. 인류역사 2천 년 주기의 새로운 변화가 도래하고 있었다.

별자리 이동은 새로운 의식의 흐름을 가져온다. 지구 자전축은 우주중심을 중심으로 회전하는데, 이를 세차운동이라 한다. 그 주기는 26,000년 정도가 된다. 이 때문에 천구의 북극과 별자리 위치가 달라진다. 현재의 천극은 북극성이고 12,000년 후에는 직녀성인 베가성이 천극이 된다.

환인은 북극성, 환웅은 북두칠성, 마고는 직녀성으로 연결되어 있으며, 12,000년 전에는 어머니가 천극이었고, 지금의 주기는 아버지가 천극이 된다. 그리고 또 12,000년이 지나면 직녀성이 천극이 된다. 그래서 이를 삼족오(아버지의 상징)와 오리(어머니의 상징)가 시소를 타고 있는 것에 비유할 수가 있다.

세차주기에 의해서 움직이는 이 궤도를 황도대라 하며, 12궁으로 나누어 양자리, 황소자리, 쌍둥이자리, 게자리, 사자자리, 처녀자리, 천칭자리, 전갈자리, 사수자리, 염소자리, 물병자리, 물고기자리라고 한다.

BC에서 AD로 넘어가는 시기는 양자리에서 물고기자리로 넘어가는 때이며, 지금의 시기는 물고기자리에서 물병자리(보병궁 자리)로 넘어가는 시기이다. (세차운동을 할 때, 회전축은 물체의 회전 방향과 반대방향으로 돈다. 그래서 일반 별자리 운동방향과 반대방향으로 움직인다. 양자리→물고기자리→물병자리 순) 별자리의 이동은 새로운 흐름을 만들어내고, 인간 의식에 커다란 영향을 미친다.

2,000년 전, 서쪽의 예수, 남쪽의 불교, 동쪽의 해모수가 새롭게 세팅이 되어 새로운 역사의 주기를 맞이하게 되었다. 2,000년이 지난 현재에, 의식과 관련된 종교 줄(line)은 모두 한반도에 모여 있다.

성경에 이런 구절이 있다.

"내가 세상에 화평을 주러 온 줄로 생각하지 마라. 화평이 아니요. 검을 주러 왔노라. 내가 온 것은 사람이 그 아버지와, 딸이 어머니와, 며느리가 시어머니와 불화하게 하려 함이니 사람의 원수가 자기 집안 식구리라."

02 흉/훈의 로얄 패밀리 '아시나(Ashina)'

문명의 전달자 - 하자르

북위 45도 라인은 말을 다루는 북방유목민의 주 무대였다. 국경이란 개념은 17~18세기 이후에 서양 백인의 제국주의 아래에서 만들어진 개념이다. 유목민은 기후에 따라 유동성 있게 움직이기 때문에 동과 서를 오가며 초원지대를 주 무대로 삼았다. 고대로부터 초원의 길은 자유로웠고, 서로 오고 갈 수 있는 왕래지역이었으며, 대부분 연합제국으로 이루어졌다.

스키타이(BC 6세기경~BC 3세기경) ⋯▶ 흉/훈(BC 3세기~BC 1세기경) ⋯▶ 서돌궐(6세기) ⋯▶ 하자르(7세기~10세기)로 이어지는 서쪽 라인의 북방유목민족은 볼가강[26]을 중심으로 나뉜다.

북방유목민 중에서 서쪽의 유목민이었던 하자르는 서양역사 속에서는 사라졌지만, 이들은 지금의 서양역사에서 핵심적인 세력이 되었다. 이들 하자르는 동서의 문명을 연결하는 중요나라였으며, 동에서 서로

---

26 러시아 서부를 흐르는 강

문명을 전달하는 Senders였다.

서쪽에서 바바리안(노르만, 게르만)이 세력을 확대할 때마다 동쪽의 전사들은 서쪽으로 영역을 확대하였다. 아틸라가 그랬고 징기스칸이 그러하였다. 이 초원지대의 로얄계층은 대대로 '아시나' 혹은 '아세나'로 알려졌다. 이들의 기원은 알타이 몽골지역에 있다. 흉/훈의 로얄패밀리는 신라로 들어왔고, 일부는 돌궐 멸망 후 하자르로 이어졌다.

아시나(Ashina)·아세나(Asena)

아시나(Ashina)/아세나(Asena)가 처음 등장한 것은 흉/훈에서 시작된다. 이들이 흉/훈의 로얄 지배계층이다.

6세기경 돌궐제국이 붕괴된 후, 아시나족 일부는 볼가 강을 넘어 하자르 지역의 카칸(Khagan)[27]이 되었다. 이들은 대초원 지역의 지배계급으로 등장하였다. 흉/훈은 모계숭배 사상이 있었고, 앞에서도 스키타이-흉/훈에 여왕이 많았다는 것을 이야기하였다.

아시나/아세나는 투르크 신화에 나오는 암늑대이다. 늑대 코드는 몽골, 훈, 로마 등지에 퍼져있으며, 이들 돌궐(투르크)민족들의 창조신화와 연결되어 있는 토테미즘적 상징이다.

---

[27] 왕 혹은 지도자란 뜻으로, 북방유목민족은 왕을 칸이라 불렀다. 신라도 임금을 마립간이라 불렀다.

신화의 내용은 파란 하늘색의 갈기를 가진 암늑대 아세나가 전쟁으로 다친 아이를 구해주면서 건강해진 아이와 암늑대 사이에서 태어난 반인반수의 아이가 훗날 투르크 유목민족을 지배하는 아시나/아세나 왕족이 된다는 이야기이다.

아시나 왕족은 대대로 북방유목민의 로얄 지배계층으로 이어져 왔다. 늑대에 대한 상징코드는 서쪽의 유목민족에게서 볼 수 있는 상징코드이다. 로마의 경우도 암늑대에 의해 구조를 받은 로물루스와 레무스가 로마의 시조가 되었다고 하는 것을 보면, 서쪽 유목민의 시조는 늑대코드와 연결되어 있다. 즉 늑대코드를 가지고 있는 아시나 종족으로부터 유래되었음을 알 수 있다. 유목민족의 신화를 보면 암늑대가 종종 등장한다.

로마의 시조 로물루스와 레무스 동상

이러한 상징의 의미는 결국 서쪽 지역의 지배자는 흉/훈의 아시나/아세나 씨족의 왕족 여사제와 결혼동맹을 통해서 서쪽 지역의 지배권을 받았다는 뜻이다. 즉 여성의 보호를 통해 문명화가 되었다는 것을 뜻한다.

서쪽 지역은 천자의 피를 물려받은 쥬신제국의 딸들에게 맡겨졌다. 그래서 서쪽 지역을 지배하려면 천자의 피를 물려받은 여사제와의 결혼을 통해서 대칸[28]의 정통성을 인정받아야만 했다. 마치 고대에 인안나의 지지를 받듯이, 지도자는 왕족 여사제와의 혼인동맹을 통해 지배권을 굳건히 하였다.

아시나족은 뒤에 '아신'으로 불리기도 하는데, 아신은 퉁구스어로 금(金)이라는 뜻이다. 아시나의 시조인 흉/훈의 뿌리는 스키타이로 올라가고, 스키타이는 금세공과 밀접한 관련을 가지고 있으며, 이들의 주 무대는 흑해와 카스피해 사이에 있었다.

스키타이가 흉/훈으로 이어졌고, 흉/훈의 갈래로부터 신라가 나왔다. 신라는 흉/훈의 뿌리에서 나온 로얄패밀리인 아시나족의 후예이다. 또한, 이들 아시나족의 가지에서 나온 여진(女眞)족의 후예인 후금이 청나라를 세우고 성을 애신각라(愛新覺羅)[29]라 하였다.

청나라와 신라는 모두 아시나족에서 나온 한 뿌리이다. 아시나(ashina)는 중앙아시아 이란어에서 파생된 '푸르다'는 뜻을 가지고 있으며, 오행으로 보았을 때 동쪽의 아시아는 푸른 청색으로 상징된다.

---

28 위대한 지도자, 또는 왕
29 애신을 아이신이라 발음한다.

쥬신제국의 아들들은 동쪽에, 그리고 쥬신제국의 딸들은 서쪽에 위치하였고, 이들은 고구려, 백제, 신라, 가야로 우리 한민족을 이루는 중추세력이 되었다. 고구려-백제는 동쪽의 아들들이고, 신라-가야는 서쪽의 딸들이다. 삼국시대에 함께 모였다가 흩어졌다가를 반복하다가 쥬신의 후예들은 18~19세기경 다시 한반도에 마지막 씨줄을 이었다.

스키타이 유물　　　　고구려 벽화　　　　하자르 유물

위의 세 개의 그림을 보면 비슷한 옷을 입고 있다. 점박이 문양의 V자형 여밈 상의에 허리를 매는 의복 형태이다. 그리고 활을 들고 있거나 말과 함께 전투적인 모습을 하고 있는 북방유목민족의 특성을 잘 나타내 준다.

스키타이, 고구려, 하자르의 유물 속에 그려진 그 시대의 의복이 유사성을 띄고 있다. 즉 하나의 문명으로부터 분화되어 비슷한 듯 서로 다른 문화로 분화되어갔음을 볼 수 있다. 각각의 시대는 몇백 년 이상 차이가 나지만 저 땡땡이 여밈 옷은 고대로부터 오랜 기간 사랑받아온 의복인 듯하다.

03 투르크계 하자르 유대인이 세운 소비에트공화국

루시계와 하자르계의 권력다툼

러시아제국 혹은 구소련연방과 중국은 광활한 대륙을 거의 포함하고 있을 정도로 넓은 영토를 가지고 있었다. 이 두 나라는 모두 공산화가 되었다.

이 두 제국은 과거 몇백 년만 하더라도 쥬신제국의 영토였으며, 이 두 영역에 사는 이들은 아시아인들이 대부분이었다. 즉 혼혈화가 진행된 것은 몇백 년 되지 않는다.

두 제국의 발판을 깔았던 몽고제국과 청나라가 거대한 영토를 병합하였다. 세계대전을 거치는 동안 지배계층이 바뀌면서 수많은 인명이 살상되었고, 수많은 왜곡을 가져오게 되었다.

러시아의 역사는 미국과 마찬가지로 몇백 년이 안 된다. 러시아는 초기역사로 치는 불가르[30]문명과 하자르문명을 자신들 역사이 포함하고

---

30 볼가강 연안에 건설된 유조 국가로 훈제국이 멸망한 5세기 말엽, 카스피해와 흑해 북안에 나타난 투르크계 유목민으로, 유럽에서는 이들을 불가르라 불렀다.

있으나, 불가르나 하자르 역시, 아시안의 북방유목민족의 후예들이다.

러시아의 지배세력이 백인이 된 것은 얼마 되지 않는다. 러시아는 '루스'에서 유래가 되는데, 서북방에서 들어온 백인 바바리안의 한 종족인 노르만계 '루리크[31]'로부터 비롯된다. 이들이 서서히 남하하면서 슬라브인들을 지배해 나가기 시작했고, (헤로도토스에 의하면 슬라브인들은 스키타이 농민이라고 불렀다.) 이들이 세운 나라가 키예프 공국 또는 키예프 루시(루시라고도 부른다)이다. 9~10세기만 하더라도 이들은 하자르 변방에 위치하였다.

하자르가 멸망하게 된 원인은 기독교 정교회인 비잔틴제국과 키예프 공국과의 협공으로 하자르가 멸망하게 되었다. 이후 하자르인은 두 갈래로 갈라지게 된다. 유대교를 믿는 하자르인은 서유럽으로 들어갔고, 남아있는 자들은 이슬람화되었다.

근본적으로 하자르인은 종교보다도 샤머니즘적 성격이 강한 민족이었으며, 하늘 즉 텡그리[32] 사상을 가지고 있었다. 하자르는 결국 기독교세력에 의해 멸망하였다.

칭기스칸이 통일한 몽고제국은 광대한 대륙을 통합하면서 주변국들

---

31 러시아의 건국자. 노르만인 출신의 지배자이며, 그의 자손은 1598년까지 러시아에서 군림하여 류리크왕조라고 불렸다.
32 하늘을 상징하는 지고의 존재로서 우주의 중심이고, 창조의 원천이다.

로부터 공납을 받았다. 특히 킵차크한국[33]은 루시에게 공납을 받았다. 그 당시 루시의 지배를 받던 모스크바공국은 킵차크한국에 붙어서 공납을 정리하였고, 몽고의 힘을 통해 세력을 키워나갔다. 이후 모스크바공국은 15세기에 킵차크한국의 지배에서 벗어나 루시의 통일을 추진하였다. 이들이 러시아 제국의 실질적인 지배자로 등장하였다. 1, 2차 세계대전을 거치면서 볼세비키 유대인(하자르계)이 러시아 정권을 장악하게 된다.

키예프 루시와 모스크바 공국의 지배세력은 노르만계 백인으로, 이들을 '루시계'라고 통칭한다. 이들 루시계는 비잔틴제국과의 공조를 통해서 권력기반을 마련하였다. 비잔틴제국(동로마)멸망 후, 루시계의 이반 4세는 동로마의 공주를 왕후로 맞이하였다. 이후 제3의 로마를 선포하며 자신이 로마를 계승하는 황제 즉 '짜르'자리에 앉게 된다. (짜르는 로마의 카이사르를 축약한 형태) 러시아의 지배계층은 루시계와 하자르계 간의 권력다툼으로 볼 수가 있다. 루시계는 기독교(정교회)세력이고, 하자르계는 텡그리사상 혹은 무신론이다.

카스피해와 흑해가 있는 남러시아 일대는 서양과 동양이 만나는 접점으로, 많은 힘의 대립이 있었던 곳이다.

(5세기) 로마 & 훈

---

33 몽고의 4대 칸국(일한국, 킵차크한국, 오고타이한국, 차가타이한국) 중 하나의 제국으로, 카스피해(海)와 아랄해 북방의 영토

(10세기) 키예프 루시 & 하자르

(15세기) 모스크바공국 & 킵차크한국

(20세기) 나치 & 소련(유대)

제3의 로마 - 루시

제3로마를 선포한 루시계는 몽고와의 결혼동맹을 통해서 세력을 확대해 나갔다. 이는 대부분의 아시안이 몽고 지배하에서 대칸을 따르고 있었기 때문에 결혼정책을 통해서 러시아제국을 병합해나갈 수밖에 없었다. 이들은 로마의 제국형태를 많이 차용하였으며, 세계대전과 러시아혁명을 거치면서 몰락한 제3의 로마는 독일의 나치에서 다시 부활하게 된다.

신성로마제국의 상징은 쌍두독수리를 사용한다. 이 쌍두독수리는 비잔틴제국(동로마)의 멸망 후, 러시아 이반4세[34]가 로마를 계승한다는 뜻에서 쌍두독수리를 상징으로 삼았다.

---

34 러시아의 황제(재위:1533~1584). 극단적인 공포정치체제를 시행하여 이반뇌제라고도 불린다.

루시 짜르국   비잔틴제국(동로마)

신성로마제국의 기운 줄은 러시아(루시계)로 이어진다. 이들은 노르만과 게르만계 백인이고, 하자르는 몽골리안 유대인이다. 이것은 과거 고트족(게르만)과 훈의 전쟁으로 소급이 되고 이들의 끝나지 않은 전쟁이 반복되었음을 알 수가 있다.

몽고제국이 통일한 거대한 제국의 땅이 5한국[35]으로 분열되면서 루시계는 이 틈을 타 세력을 키워나갔고, 이들은 힘을 들이지 않고 러시아 제국을 손에 넣을 수 있게 되었다.

몽고제국이 서양으로 뻗어 나갈 때, 하자르 출신 몽골리안 유대인들은 몽고의 길잡이가 되었다. 후에 루시계가 장악을 하면서 몽골리안 유대인들은 카자크인이 되었다. 또한, 상업을 하거나 건축을 하던 하자르 유대인들은 서유럽으로 진출하였고, 이들은 서양 백인들에게 이질적인 이방인이었다.

---

35   일한국, 킵차크한국, 오고타이한국, 차가타이한국, 원나라

하자르의 후예-카자크, 카자르, 소련

카자크는 흑해와 카스피해 사이에 위치한 하자르의 후예들이다. 하자르가 유럽과 아시아의 길목에서 통행료를 받던 대로 카자크는 이곳에서 반 독립적인 체제를 이루며 공동체적인 생활을 이어왔다.

15세기 루시 왕조는 카자크와 군사적인 협약을 맺었고, 말을 잘 타던 카자크인은 러시아의 군사부대로 활동하였다. 또한, 19, 20세기에는 러시아 혁명활동을 진압하는데 카자크인들이 대대적으로 활용되었다.

카자크족은 타타르족이라고 알려졌는데, 몽골리안들이며, 사회구조는 칸을 중심으로 움직이며, 누구나 평등한 지위와 동등한 계급을 가지고 있었던 유목민족이었다. 이들은 무엇보다도 자유를 중시 여겼으며 집시와 비슷한 형식을 띠고 있었다.

- **이란의 카자르왕조**

한편 카스피해 근처에 정주하던 카칸의 후예들 중 일부는 이슬람화가 되어갔고, 이들은 18세기 페르시아의 정권을 장악하면서 카자르/하자르(khazar)왕조를 부활시킨다. 카칸의 후예들은 유목민 부족장으로 생활하다가 이들 중 아가 모하마드칸에 의해 통일왕조를 세우게 되었고 카자르 왕조는 1925년까지 이어졌다.

• 투르크계 하자르 유대인에 의해 세워진 소비에트공화국

달과 별의 상징을 국기로 사용하는 나라는 투르크[36]계 국가들이다. 터키와 마찬가지로 소련의 국기에는 달(달 모양의 낫)과 별 그리고 망치가 그려져 있다. 이는 투르크계 프롤레타리아가 정권을 잡았음을 상징한다. 즉 정권을 잡은 세력이 하자르계 유대인이고, 이들이 세운 국가가 바로 소비에트 공화국이다.

소비에트 연방국기   터키 국기

---

36 투르크의 원래 터전은 중극 천산의 알타이 산으로 추정되며 중앙아시아의 여러 지역으로 이주하여, 한때 대초원과 러시아 북부 멀리까지 지배했다. 동양에서는 돌궐이라 알려져 있다. 일부는 칭기스칸의 대원정단과 함께 서쪽으로 진출했으며 이슬람에 개종하기 전에 그들은 샤머니즘을 믿었다

04 레닌의 볼셰비키 혁명

• '불꽃'처럼

불꽃처럼 타올랐던 민중의 혁명도
한 줌 재로 흩어졌고,
수많은 피와 눈물로 얼룩진 드넓은 대지에는
오뉴월 서리처럼 한(恨)이 내린다.
누구를 위하여, 무엇을 위하여, 흘린 피였나!
민중은 혁명의 꼭두각시였나!
소아(小我)를 위함인가? 대아(大我)를 위함인가?
한(恨)은 또 다른 한(恨)을 낳을 뿐이다.

혁명의 시작 – 레닌

레닌의 어머니는 유대인이고, 레닌의 아버지는 장학사이며, 할아버지는 카잔의 농노였다. 레닌은 타타르스탄에 위치한 카잔 대학교를 다녔다. 카잔은 볼가강과 카마강 사이에 접해있고, 우랄산맥이 위치한 지역으로 과거 하자르의 고향이기도 하다. 몽골 이후 카잔한국으로 불리다가 이반 4세 때 모스크바 대공국에 편입되었다. 지금은 타타르스탄지역이다.

레닌-몽골리안 하자르계 후예인

타타르스탄의 주민 대부분이 카잔한국의 후예들로, 레닌도 타타르의 피를 물려받았다. 볼셰비키의 레닌과 멘셰비키[37]의 트로츠키 두 양대 산맥이 러시아를 혁명으로 이끈 주역이었다. 트로츠키는 나중에 볼셰비키로 전향하여 레닌의 뒤를 잇는 후계자가 되었다.

강탈당한 혁명

계급을 없애고 평등을 중시 하던 마르크스 공산주의는 레닌에 의해 프롤레타리아 독재체제가 되었다. 이후 병고를 치르던 레닌은 죽기 전, 스탈린을 중앙위원회로부터 제명하고 집단지도체제를 구축하려 하였으나 권력은 결국 스탈린 손으로 넘어가 버렸다. 스탈린은 레닌과 트로츠키가 차린 밥상을 혼자 독식하게 되었다.

결국, 민중에 의해 성공한 프롤레타리아 혁명의 승리는 잠시뿐, 민중은 남아있던 자유마저 박탈당한 채 또 다른 독재체제 속에서 수많은 사람이 희생되었다.

왕조를 엎겠다고 일어난 혁명이 도리어 더 무자비한 지도자를 탄생시켰다. 프랑스 혁명도 마찬가지다. 왕조를 엎었으나 새로운 독재자 나폴레옹이 등장하였다. 정치권력에 평등이란 없다. 인간의 권력적 욕망은

---

37 레닌이 이끄는 볼셰비키(다수파)와 대립하던 소수파를 말한다.

수평이 아니라 수직적 지배체계를 만들기 때문이다.

레닌의 공산주의는 스탈린식 공산주의로 변질되었고, 혁명은 한순간에 도색되어 버렸다. 레닌은 농민들에게 토지를 나누어 주었고, 스탈린은 집단 농업화를 이루기 위해 농민들을 꿀락(비협조적 농민)이라 하여 재산을 몰수하고 무더기로 체포하거나 추방 혹은 총살시켰다. 농민층은 한순간에 모든 것을 잃고 강제노동에 편입되었다. 그때 당시 러시아의 농민들은 대부분 아시안 계였으며, 희생된 농민의 수는 약 1,000만 명에 달했다.

레닌 사후, 레닌은 이집트 파라오처럼 방부처리가 되었고, 스탈린에 의해 레닌의 우상화가 시작되었다. 스탈린은 레닌의 뒤를 잇는 후계자를 자청하였다. 망자의 곁에서 마지막을 지키는 자가 우위권을 점한다. 현실의 정치에서도 지도자가 죽으면 후계자를 자처하는 이가 우후죽순으로 나타나고, 권력의 공백기에 차기 권력다툼이 치열하게 발생한다.

트로츠키의 경우, 레닌 사후 스탈린에 의해 철저히 배제되고 고립되었으며, 스탈린 집권 후 트로츠키는 끊임없는 망명생활을 하다가 스탈린이 보낸 자객에게 암살당한다.

스탈린식 공산주의

스탈린식 공산주의는 중국에, 그리고 북한에 도입되었다. 스탈린식 공산주의는 프롤레타리아 독재이다. 전 인민에게 봉사하는 국가를 원했지만, 실상 공산주의는 전 인민의 의식을 통제하고 묶어두는 역할을 하였다. 또한, 노동자의 피고름을 빨아먹는 것은 공산주의나 자본주의나 매한가지이며, 여나 지금이나 변함이 없다. 더 본질적인 문제가 바뀌지 않는 한, 돌고 도는 수레바퀴일 뿐이다.

더군다나 중국의 공산화는 쥬신제국의 흔적을 지우기 위한 의도된 공산화이며, 보이지 않는 세력에 의한 지원을 받아왔다. 스탈린, 모택동, 김일성은 보이지 않는 세력의 지원과 기획으로 탄생된 인물이다.

청 왕조를 붕괴시키고 중국의 공산화 혁명을 주도했던 손문[38]은 서구자본세력과 일본의 원조를 받아 중국을 공산화시키려 하였다. 원래 소비에트의 레닌주의 공산주의자들은 중국의 공산화를 반대했었다.

1923년 [쑨원-요페선언]의 내용을 보면, 〈공산체제는 중국에 적합하지 않으며, 소련은 중국에서의 모든 특권을 포기함과 동시에 외몽골 이남 지역에 대하여 영향력을 행사할 의사가 없다〉라고 하였다. 그러나 레닌 사후 스탈린이 집권하면서 중국의 공산화는 본격화되기 시작했다.

- **왜 아시아에 공산주의가 도입되었는가?**

서양은 개인주의적 성향이고, 동양은 전체주의적 통일성을 지향한다. 또한, 아시아는 서구 자본주의의 경쟁체제보다 함께 일하고 다같이 나누는 일종의 공동체적 구조이기 때문에 공산주의를 쉽게 받아들일 수 있는 기반이 되었다.

---

38 손문(쑨원)은 중국의 혁명적 민주주의자이다.

히틀러와 스탈린의 인종청소

스탈린에 의한 독재체제가 시작되면서 비슷한 시기에 독일에서는 히틀러가 준비되고 있었다. 그 뒤 인류는 1937년을 기점으로 본격적인 인종청소가 시작되었다. 히틀러와 스탈린에 의해서…….

스탈린과 히틀러

히틀러는 대중을 압도하는 탤런트적 성향을 가지고 있었고, 스탈린은 창조적인 정치적 조작술을 가지고 있었다. 히틀러와 스탈린은 보이지 않는 권력에 의한 선택을 받은 것으로 보인다.

스탈린의 경우, 혁명 활동을 하면서 투옥과 추방을 되풀이하면서도 가벼운 형량을 받거나 도피를 할 수 있었던 것을 보면 그가 제국경찰의 보호를 받는 밀정이라는 의혹을 받을 만하다. 또한, 스탈린은 러시아 정교회의 사제가 되려고 하였으며, 러시아 정교회의 부주교로부터 '우리의 아버지'(Our Father)라는 호칭까지 받았다.

몽고제국이 말(馬)을 통해 제국을 통일했다면, 서양 제국주의자들은 철도를 깔면서 자신들의 영토를 확장해가기 시작하였다. 러시아가 아시아 대륙까지 정복한 것은 19세기 무렵이며, 시베리아 횡단철도를 놓으면서 가속화가 되었다. 초원을 달리던 말의 길에 시베리아 철도와 바이칼 철도가 놓여졌다.

서양 제국주의는 공업의 발달을 통해 더욱 확장하였고, 1, 2차 세계대전은 군수복합 산업체의 시험장이었다. 즉 지구는 물질문명을 이룩하기 위한 하나의 실험장이 되었으며, 인간의 탈을 쓰고는 도저히 행할 수 없었던 일들이 자행되었던 극한의 시기였다.

하늘이 땅이 되고, 땅이 하늘이 된 세상

19세기는 권력의 중심이 귀족계급에서 상인계급으로 넘어가는 과도기였다. 지금의 세상은 결국 '상인계급'에 의해서 좌지우지되는 물질주의 세상이 되었다. 물론 그 당시 민중혁명의 바람이 불면서 권력의 힘이 귀족계급에서 농노계급으로 넘어가려는 찰라, 상인계급이 전쟁이라는 상황을 통해서 권력을 인터셉트하였고 지금의 시스템을 이룩하였다.

제정일치의 단군시대가 가고, 왕과 제사장의 역할이 분리되면서 왕과 제사장 즉 브라만[39]과 크샤트리야[40]의 전쟁은 계속해서 있어왔다. 결

---

39 제사장 혹은 성직자 계급
40 왕과 무사계급

국, 크샤트리아가 승리하면서 왕권중심체제가 이루어졌으나 후대로 내려갈수록 지방 제후국의 귀족계급이 생겨났고, 왕권은 점점 약화가 되었다. 이후 민중 혁명으로 왕권이 붕괴되고 난 후, 상인계급에 의한 금권의 지배체제가 이루어졌다.

지금은 하늘이 땅이 되고, 땅이 하늘이 되는 시기이다. 가장 바닥에 있는 자가 가장 높은 자리에 앉게 되었다. 물질시스템은 한계에 다다랐고, 이제는 모든 것이 제자리를 찾아가는, 즉 세상이 바로 서는 시기가 눈앞에 다가왔다. 지금의 세상은 물질이 정신을 지배하는 세상이나, 앞으로의 세상은 정신이 물질을 컨트롤하는 세상이 올 것이다.

05 신성로마제국과 오스트리아-헝가리제국

서양 인종 분류

게르만족은 북극 근처 스칸디나비아 반도와 북유럽이 고향이고, 켈트족은 유럽평원에 거즈하던 스키타이 일파이다. 라틴족은 지중해 일대 아시안과 흑인 혼혈계이고 슬라브인은 아시아에서 발원하여 러시아와 동유럽에 자리 잡은 아시안과 백인 혼혈계이다.

	게르만족	켈트족	라틴족	슬라브족
머리색	갈색 옅은 금발 짙은 금발	갈색 금발 빨강머리	검은 곱슬머리	갈색 금발 검정머리
눈색	파란색 초록색 푸른색	파란색 초록색 푸른색	검은색	초록색 푸른색 갈색, 회색
얼굴형	길고 가름한 늑대형	길고 갸름한 고양이형	장두형 (얼굴이 큼)	단두형 (머리가 작은)
평균 키	176cm	172cm	162cm	168cm

훈제국이 확장하면서 유럽에 들어간 아시아인, 또 후대에 몽고제국이 확장하면서 유럽으로 들어간 아시안들이 백인계와 혼혈이 되면서 슬라브족이 탄생되었다. 아시안과 백인의 혼혈은 3대만 지나도 거의 백

인화가 된다. 그래서 현대에는 슬라브족들의 백인화가 많이 진행된 것이나 기질적인 부분에서는 다소 차이를 보인다.

로마를 흡수한 백인 바바리안

훈제국의 아틸라에 의해 게르만족이 이동하게 되었고, 이 결과 유럽은 새로운 판이 깔리게 되었다. 서로마는 훈의 압박과 게르만족의 이동으로 인한 잦은 반란과 더불어 용병 대장이었던 오도아케르[41]에 의해 476년 멸망한다.

게르만족은 갈리아 지역으로 이동하여 유럽에 자신들의 터전을 만들기 시작했다. 게르만족의 일파인 서고트족, 동고트족, 반달족은 멸망하여 다른 지역에 흡수되었고, 부르군트 왕국은 프랑스로 통합되었다. 게르만족의 후예들은 프랑크족의 프랑크 왕국과 앵글로-색슨족의 잉글랜드가 남았다. 이때만 하더라도 백인들은 부족중심의 사회를 이루고 있었으며, 대부분이 로마의 용병이거나 노예생활을 하였다.

서로마 멸망 후, 서유럽에 세워진 프랑크 왕국의 첫 번째 왕조인 메로빙거 왕조는 481년 시작되었다. (메로빙거 왕조는 막달라 마리아의 베냐민파의 후손으로 알려져 있다.)

로마멸망 후, 미개한 수준에 머물러있던 백인 바바리안들은 로마를

---

41 게르만족 출신으로 용병들을 조직하고 서로마제국을 멸망시켜 이탈리아 왕이 되었다.

모방하고 로마의 정치, 문화를 습득하면서 성장하였다. 로마라는 거대한 제국의 유산을 이어받았지만, 10세기 무렵이 되어서야 비로소 제대로 세팅된 왕국을 건설할 수 있었다. 그렇게 하여 탄생한 것이 신성로마제국이었다.

훈제국이 멸망한 자리에 또다시 아시안계 기마유목민족인 하자르, 마자르[42], 불가르 등이 러시아 남부 일대에서 명성을 떨치고 있었다. 하자르 왕조는 마자르족과 크림반도의 그리스 식민지를 지배하고 조공을 받았으며, 불가리아인과 많은 슬라브족들도 하자르를 자신들의 대제후로 인정하고 있었다. 그러나 965년 하자르가 멸망하면서 동유럽 일대의 정치적 역할이 크게 감소되면서 서유럽은 안정기에 접어들었다. 이 시기 서양은 십자군전쟁을 통해 동양의 문명과 이슬람문명을 모방하면서 성장하기 시작하였다.

이슬람문명은 동방의 문명을 서방에 전달하는 다리역할을 하였으며, 동방문명이 서양문명에 영향을 주면서 르네상스가 탄생되었다.

926년 발해 멸망

935년 신라 멸망

962년 마자르 멸망

965년 하자르 멸망

※10세기를 기준으로 왕 중심에서 귀족중심으로 권력이 교체된다.

---

42 마자르인은 헝가리의 주류 민족으로, 우랄어족에 속한다.

로마를 계승한 신성로마제국의 탄생

유럽지역에서 핀란드와 헝가리는 유일하게 아시안계이다. 우랄어계에 속하며, 성을 앞에 쓰고 이름을 뒤에 쓴다. 핀란드는 핀족이며, 헝가리는 마자르족이다. 두 나라 모두 서유럽과 맞닿아 있다.

동양과 서양이 만나는 지점은 문명이 섞이고 전쟁이 많은 지역 일 수밖에 없다. 서로 다른 문명과 인종이 서로 다른 관습으로 살고 있기 때문이다.

동유럽 일대는 아시안 기마유목민족세력이 대대로 이어져 오고 있었고, 소련이 공산화가 되고 난 뒤 동유럽들 모두 공산화가 되었다. 반면에 서유럽은 백인들이 정착한 지역으로, 로마의 영향권 안에 있었고 로마의 질서를 흡수하면서 성장하였다.

프랑크 왕국은 베르뎅조약[43]으로, 동, 중, 서 프랑크로 나뉘었다. 오늘날 독일, 이탈리아, 프랑스에 해당된다. 이 나라들이 모두 한 뿌리에서 출발한다. 이 중에서 동 프랑크의 독일 왕이 마자르족을 격퇴한 후, 교황으로부터 황제의 관을 받고 신성로마제국을 선포한다.

신성로마제국은 962년부터 1806년까지 이어진 중앙 유럽 나라들의 정치연방제이다. 신라에 이어 가장 오래 지속된 천 년 왕조 2위이다.

신성로마제국은 나폴레옹이 등장하면서 막을 내리게 되었으며, 이후

---

43 843년 8월 루도비쿠스 경건왕(Louis the Pious)의 세 아들이 프랑크왕국을 셋으로 나눈 조약.

라인동맹44과 오스트리아로 나누어졌고, 합스부르크왕가45가 오스트리아를 건국해 신성로마제국의 명예를 유지하였다. 하지단 오스트리아가 제1차 세계대전에서 패배하면서 합스부르크 왕가는 문을 닫게 되었다.

신성로마제국은 아래와 같이 명칭이 변경되었다.
로마제국 ⇨ 신성제국 ⇨ 신성로마제국 ⇨ 도이치(독일)민족의 신성로마제국

신성로마제국의 국기

신성로마제국이 서유럽에서 로마가톨릭으로 무소불위의 권력을 누리며 확장할 즈음, 1453년 동로마(비잔틴)제국이 멸망하였다. 동로마제국

44　나폴레옹의 후원으로 조직된 프랑스 종속국들의 국가 연합으로, 독일의 중소연방국가들(남서 독일 16개국)이 이에 해당된다.
45　오스트리아의 왕가로 유럽의 오래된 명문가이다.

의 최후 황제의 손녀인 소피아[46]는 모스크바 대공국의 이반3세[47]와 결혼을 하였고, 동북 러시아를 통일한 이반 3세는 동로마(비잔틴)제국의 그리스(동방)정교회의 옹호자를 자처하며 동로마를 계승한다.

로마의 후계를 자청하는 유럽의 세력은 크게 아래처럼 나뉜다.
1) 서로마 ⋯▶ 신성로마제국 ⋯▶ 오스트리아·헝가리제국(합스부르크 왕조) ⋯▶ 독일
2) 동로마 ⋯▶ 비잔틴제국 ⋯▶ 러시아

오스트리아-헝가리 제국의 탄생

유럽의 문어발 혼인정책을 쓰던 오스트리아의 합스부르크 왕가와 헝가리 귀족들 간의 대타협으로 세워진 오스트리아-헝가리제국에는 게르만 혈통인 오스트리아인과 슬라브 혈통인 체코인, 폴란드인, 슬로바키아인, 보스니아인 그리고 우랄 족 혈통인 헝가리인이 거주하였다.

1867년부터 1918년까지 50년 동안 유럽에서 급속도의 성장을 이루었으나, 게르만족과 슬라브족의 민족 간의 갈등은 1914년 오스트리아-헝가리 제국 황태자 부부가 보스니아 헤르체고비나[48]의 수도 사라예보에서 암살당하면서 1차 세계대전으로 촉발되었다.

---

46 비잔틴의 마지막 황제 콘스탄티누스 11세의 조카 '조에 소피아'
47 러시아의 모스크바 대공. 동북 러시아의 영토적 통일을 완성하였다.
48 유럽 동남부에 있는 공화국. 10~14세기 훈족의 국가가 있었으나 보스니아에 정복당했음.

1차 세계대전은 그동안 쌓여왔던 게르만족과 슬라브족 간의 충돌로 시작되어 독일 대 러시아의 전쟁으로 이어졌고, 1918년 11월 11일 독일의 항복으로 끝났다.

2차 세계대전 당시, 히틀러는 유대인, 집시(로마), 슬라브족을 유럽에서 몰아내고자 했으며, 마르크스주의를 반대하였다. 슬라브족은 대부분 종전 후 공산화가 되었다.

헝가리는 훈/흉노의 후예로, 우랄산맥에서 이주한 몽골계인 마자르족이다. 우랄계 언어를 쓰며, 13세기에는 몽고제국의 지배를 받았고 16세기에는 오스만제국[49]의 지배를 받았다.

오스트리아-헝가리 국장
(좌는 오스트리아, 우는 헝가리)

---

49 13세기 말 이후, 소아시아(아나톨리아)를 중심으로 형성된 투르크족의 이슬람국가(1299~1922).

Chapter 4. 흉/훈과 게르만족 · 121

오스트리아는 로마를 이어받아 독수리 상징을 사용하였고, 헝가리는 훈의 후손답게 여인이 기를 받치고 있다. 헝가리 국장의 왕관 위에 놓여있는 십자가의 형태가 흉(匈)의 가운데 있는 X 형태로 뉘어져 있다.
[스키타이/흉/훈(Huns)참고]

06 게르만족 그리고 율리우스 카이사르

서유럽의 조상 게르만족

서유럽의 중심을 형성하고 있는 뿌인계 게르만족은 아래와 같은 종족들의 조상 종족이다.

게르만족 = 프랑크족 + 앵글로색슨족 + 부르군트족 + 서고트족 + 동고트족 + 반달족 + 스칸디나비아족 + 노르만족 등

이 중에서 프랑크족은 독일, 프랑스, 이탈리아의 모체가 되고, 앵글색슨족은 영국의 조상이 되었으며, 스칸디나비아족과 노르만족은 스웨덴과 노르웨이가 되었다. 그리고 나머지는 멸망하여 다른 민족에 흡수되었다. 게르만족이 제일 처음 세운 왕국이 프랑크족이 되며, 서구 유럽의 힘은 영국, 프랑스, 독일이 주도한다.

서유럽이 세운 중앙연합정치체제인 로마가톨릭은 로마기독교문화 + 게르만문화이다.

따라서 현재 서구 유럽의 공통조상은 게르만족에 해당되고, 20세기

게르만족의 대표로 '히틀러'가 등장하였다. 히틀러에 의해 게르만족을 제외한 유럽에 머물고 있는 범쥬신족 일파인 슬라브인, 유대인, 로마인(집시)이 인종청소의 대상이 되었다. 영국과 미국은 히틀러가 전쟁을 계속 이어가도록 자본을 뒷받침하였다.

로마인은 어디로 갔을까

유럽을 이루고 있는 3대 종족은 크게 게르만족, 슬라브족, 라틴족으로 나뉜다. 게르만족은 전형적인 백인이고, 슬라브족은 아시안이 섞인 백인이며, 라틴족은 흑인이 섞인 백인이다. 그렇다면 유럽을 지배했던 로마인들은 어디로 갔을까? 이탈리아에만 로마의 후예들이 사는 것은 아니다.

로마의 주인, 검은 머리 라틴족들은 스페인, 포르투갈, 남프랑스, 이탈리아, 루마니아 등으로 들어가거나 집시가 되어 떠돌게 되었다. 집시들은 자신들을 로마(Roma)라고 부른다. 그리고 루마니아는 '로마인의 나라'란 뜻이다. 또한, 집시들은 유럽 곳곳에 퍼져있다.

북유럽의 본토 족인 켈트족은 스코틀랜드, 아일랜드로 들어갔으며, 쥬신제국의 지배계층은 한반도에 숨어야만 했다.

로마라는 문명 위에 세워진 유럽의 문명!
쥬신제국의 바탕 위에 세워진 중국과 러시아!

주인은 물러나고, 객이 주인이 되어 있는 현재의 구도이다.

게르만족의 조상은 그리스인이 아니다

서구 유럽은 오랜 전통이나 뿌리가 없다. 따라서 그들은 로마문명을 끌어들일 수밖에 없었고, 로마에서 자신들의 정체성을 찾고자 했다. 로마를 모방하고 로마를 배우며 성장한 서구 유럽인들은 침략과 약탈을 통해 문명을 배우고 문명을 만들어나갔다.

로마의 검정머리 라틴족에서 자신들의 기원을 찾을 수 없었던 서양 백인들은 그리스에서 자신들의 기원을 찾으려 했다. 그러나 게르만족의 조상은 그리스인이 아니다. 대륙으로 들어온 최초의 백인은 이오니아인 (남 아틀란티스) 이었다.

지중해 일대에 백인이 있었던 것은 오래전으로 올라간다. BC 2700여 년 전, 우르의 길가메시가 백향목[50]과 삼나무가 있는 숲에서 바바리안을 데리고 온다. 그가 바로 온몸에 털이 나 있는 백인 '엔키두'이다.

백향목과 삼나무는 오늘날 레바논지역 즉 성경에 나오는 시돈 지역인데, 이곳은 지중해 연안이다. 지중해 연안 근처에 살던 백인 바바리안들이 인간화가 되어 무리를 이루고 살다가 소수의 백인이 그리스 섬 등으로 이주하여 무리를 이루었는데, 이들은 지중해 연안 국가들의 노예로 팔려가곤 하였다.

---

50 소나무과의 상록수

게르만 백인들이 자신들의 존재성을 드러내기 시작한 시기는 AD 300~400년 무렵이다. 모든 서양문명의 기반은 로마에 뿌리를 두고 있었다.

건축물과 서양제도들은 모두 로마에서 이어져 온 것들이다. 로마가 대륙을 정복할 때, 그들의 건축기술로 정복지역의 도시와 과수원 등을 일구어 새로운 도시로 탈바꿈시켰다. 게르만과 노르만인들은 로마의 용병이 되어 로마를 모방하면서 성장하였으며, 로마 귀족과의 결혼동맹을 통해서 자신들의 지위를 향상시켜 나갔다.

러시아의 황제라는 칭호인 '짜르'는 카이사르에서 유래되었다. 로마의 후예를 자청하는 이들은 자신들의 기원을 로마의 율리우스 카이사르로부터 찾고 있었다.

로마의 공화정을 최초로 수립한 것도 카이사르 때부터였으며, 카이사르 때에 이르러 로마가 하나의 제국으로 탄생되었기 때문이다.

로마의 최초 공화정을 수립한 율리우스 카이사르는 율리우스 가문으로, 로마를 세운 라틴족이 아니다. 로마를 세운 라틴족은 '스키타이 계열'이며, 이들의 상징은 암늑대이다.

로마의 시조 로물루스와 레무스는 암늑대에 의해 키워졌다. 암늑대를 상징으로 사용하는 민족은 주로 몽골계의 훈, 돌궐, 하자르 등이 있다. 라틴족의 로물루스와 레무스는 암늑대에게 키워졌다고 하는데 이는 늑대상징을 가진 몽골계 여성에 의해 길들었음을 비유하여 나타내준다. 즉 뿌리를 찾아 올라가면 라틴계의 조상은 아시안계가 나온다.

그런데 여기에서 율리우스 가문은 이방인으로 로마에 들어와 원로원의 자리까지 앉게 된 가문이다.

율리우스 가문의 기원은 트로이의 '아이네아스51'에서 나왔다. 고대 트로이는 그리스지역이었고, '아이네아스'라는 뜻은 '일리온' 즉 '이오니아'지역을 뜻한다. 따라서 율리우스 가문은 이오니아에서 시칠리아로 건너온 씨족으로, 로마에 정착하여 이곳에서 가문을 일구었다. 오디세이, 일리아스를 저술한 호메로스는 이오니아 인인데, 이오니아는 백인부락이었다고 전한다.

BC 1500여 년, 지중해 일대에 화산폭발이 있었고, 또 그리스 북부에서 들어온 도리아인에 밀려 아나톨리아반도로 들어온 이오니아인은 지중해 일대에 자신들의 거주지를 만들었다. 이들 이오니아인(남 아틀란티스)의 사상은 자유주의와 개인적 성향을 띄고 있는 집단이었으며, 이들이 바로 길가메시 서사시에 나오는 엔키두 일족으로 보인다.

이오니아인은 지중해 일대에 살던 백인 바바리안이었다. 이들은 주로 수메르 등의 노예로 잡혀 왔다가, 수게르 멸망 후 지중해 일대에서 자신들의 부락을 형성해 나간 것으로 보인다.

---

51 그리스 로마 신화에 나오는 영웅으로, 트로이 왕족인 안키세스와 여신 아프로디테의 아들이다.

지중해 일대에 부락을 이루며 살던 이오니아 백인들은 후에 이집트의 지배를 받으면서 이집트의 문명을 받아들이게 된다.

BC 4~5세기경, 그리스 문명이 발달할 수 있었던 것은 이집트 문명의 영향을 받았기 때문이다. 즉 BC 4세기경, 마케도니아의 알렉산더 대왕이 이집트를 점령하였고, 이후 마케도니아 귀족혈통인 프톨레마이오스 왕가가 이집트를 다스리게 된다. 즉 이 시기에 이집트의 지식과 지혜들은 그리스 사상과 접목되어 헬레니즘[52] 문화를 형성하게 된다.

이집트 마지막 여왕인 클레오파트라는 카이사르를 통해 이집트문명을 보전하려 하였으나, 카이사르는 암살을 당하고 클레오파트라는 자살을 함으로써 이집트 문명은 문을 닫았다. 이후 무덤들은 파헤쳐지고 보물들은 로마에 의해 약탈당하였으며, 이집트의 모든 문명의 정수는 로마로 넘어가게 되었다.

유럽에 뿌리내려진 문명의 정수는 이집트, 그리스, 로마에서 찾아야 할 것이며, 더 고대로 거슬러 올라가다 보면, 이집트도 쥬신제국의 제후국으로부터 출발하였음을 알 수가 있다.

수메르 ⇨ 이집트 ⇨ 그리스 ⇨ 로마 ⇨ 유럽

---

52 알렉산드로스 대왕의 제국건설 이후, 고대 그리스의 뒤를 이어 나타난 문명

07 쥬신제국의 다물군 〈스파르타〉

스파르타와 다물군 그리고 북한

BC 7세기경, 쥬신제국의 다물군[53]은 우리의 오랜 옛 땅을 되찾기 위해 서쪽으로 진출한다. 서아시아 끝에 다 닿자, 다물군은 남하하면서 해상과 근접한 곳에 생성된 요새를 발견하고, 그곳에 터전을 마련하였다. 그곳이 바로 펠로폰네소스 반도였다.

BC 15세기경, 화산폭발로 오랫동안 사람이 살지 않는 땅이 된 지중해 일대에 스키타이계 미케네인이 먼저 이곳에 들어와 문명을 일구었다. 그 뒤 도리아인[54]이 남하하여 이곳의 터전을 이어받았다. 시간이 흘러 땅이 서서히 치유되자 지중해 해안지방은 이오니아인(남 아틀란티스)이 들어와 살기 시작했다.

그리스는 바다와 산맥으로 둘러싸인 지형으로 인해 이웃과 단절되어

---

53 '다물'이라는 말은 '옛 땅을 되찾음'이라는 고구려말로, 다물군이란 옛 땅을 되찾고자 결성된 군인 집단이다.
54 그리스 반도로 남하하여, 스파르타, 코린토스 등의 폴리스를 건설한 종족이다.

있었고, 섬과 계곡이 만들어놓은 요새로 피난민들이 살기에는 최적의 지형조건을 갖추고 있었다. 따라서 여러 피난민이 이곳 산맥과 섬 등에 하나둘 들어오기 시작했으며, BC 7세기경에는 중앙 쥬신제국의 최정예 군사인 다물군이 선주민인 도리아인이 있는 지역으로 들어오게 된다. 이들이 바로 '스파르타'였다.

스파르타는 자신들을 '라케다이몬'이라 불렀다. 소크라테스는 다이몬 사상을 이야기하였는데, 다이몬이란 양심에 귀를 기울이고 그에 따라 사는 삶을 말한다.

스파르타는 BC 7세기경부터 지중해 일대의 맹주로 등장했으며, 최정예 군사조직이다. 이들은 주변을 복속시켜 헤일로타이(농노)로 만들었으며 헤일로타이(heilotai)[55]는 전체인구의 80%를 차지했다.

스파르타인은 훌륭한 전사가 되는 것이 목표였기에, 농사를 지을 사람이 필요했고, 주변 지역을 굴복시켜 그들을 농노로 활용하면서 헤일로타이 그룹이 형성되었다.

지중해의 해안가 일대는 아틀란티스 난민들이 배를 타고 들어오는 서쪽의 게이트이다. 이들 외부 침략자들의 약탈로 인해 주변 지역들은 항상 혼란스러웠다. 또한, 추방된 아틀란티스 인들이 모여 살던 이오니아 지역은 일종의 게토와 같은 지역으로, 끊임없는 분란이 일어나는 곳이었다. 이들 이오니아인은 해상세력으로 아테네에 자신들의 터전을 마련하였다.

---

55 스파르타의 국유 노예로 농사를 담당했다.

펠로폰네소스 반도는 협곡과 산맥이 많아 부족들이 공동체를 이루며 살기에 적합하였다. 스파르타가 이곳으로 들어온 뒤, 소수의 공동체 등은 스파르타에 점령당하여 헤일로타이 신분으로 떨어지지 않기 위하여 폴리스 동맹체재를 만들었다. 이것이 폴리스가 형성된 원인이기도 하다.

서양문명의 기본바탕이 되는 그리스문명이란, 그리스 고전기(BC 510-323)의 아테네를 이야기한다. 서양역사학자들은 그리스 일대의 미케네, 도리아, 스파르타, 마케도니아는 모두 도리아인과 유사한 북방침입자로 분류한다. 이들 도리아인이 들어온 시기를 그리스의 암흑기라 부르면서, 도리아인들이 주류를 이룬 스파르타나 미케네 등을 알게 모르게 그리스문명으로 편입을 시키고 있다.

북방침입자 (몽골리안)	해양이주민 (아틀란티스계 백인)
미케네	트로이
도리아	이오니아
스파르타	아테네
마케도니아	

BC 500년경, 상원그룹인 페르시아 고레스 대왕이 페르시아 일대를 점령하면서 아나톨리아반도는 페르시아령이 되었다. 그러나 이오니아인들이 반란을 일으키자 페르시아군은 반란을 저지하기 위해 지중해 일대에 군대를 파견하였고, 이에 위기를 느낀 스파르타와 페르시아는

전쟁을 벌이게 된다. 즉 스파르타와 페르시아전쟁은 이오니아의 반란세력에 의해 일어난 전쟁이었다.

　스파르타는 서쪽의 게이트를 지키는 최정예군사종족이다. 고대에는 군사력이 힘의 원천이기 때문에 귀족 자제들은 어려서부터 무예 등을 훈련받았다.
　스파르타는 농업, 상업, 전문업 등을 하지 않고 오로지 군인양성만 하였다. 이들은 전문군사집단이었다. 식민지와 자신들을 분리시켜 자신들만의 끈끈한 공동체를 만들어 생활하였다. 농사 등은 헤일로타이라는 농노들을 이용하였으며, 여성도 남성과 마찬가지로 동등한 군사훈련을 받았다. 스파르타는 고구려와 비슷한 군사동맹조직이었다.
　이들은 이방인과의 접촉을 철저히 차단하였으며, 구식철제화폐를 사용하고, 몸치장 보다는 인간 자체의 단련과 수련을 중요시했으며, 그들의 주요 덕목은 '덕스러움'이었다. 또한, 노인을 공경하기로 유명하였으며, 다이몬(양심)에 따라 사는 스파르타인은 인간이 곧 예술이 될 수 있음을 몸소 보여주었다. 이들 스파르타는 마치 오늘날 북한의 모습을 보는 듯하다.

스파르타와 북한의 공통점

　스파르타는 고구려 후예인 북한과 유사한 공통점이 많다. 아래는 스파르타와 북한의 공통점을 나열한 것이다.

1. 군사훈련을 최고로 생각한다.
2. 외국인을 차단하고, 자신들만의 공동체를 이룬다.
3. 몸치장보다 몸의 단련과 수련을 중요시 여긴다.
4. 구식화폐를 사용한다. (경제적 쇠국)
5. 남녀 모두 군사훈련을 받는다.
6. 자의식과 주체의식이 뛰어나다.
7. 군사력을 바탕으로 주변국들에 조공을 받으려 한다.

이 밖에도 음식에서 선짓국을 먹는 것이 비슷하고, 자아비판이 있었으며, 평등주의적 사고관과 폐쇄적인 부분도 매우 닮았다. 자존심이 강한 북한은 남한에 쌀을 지원받으면서도 남한을 '헤일로타이'쯤으로 여긴다.

스파르타의 세력이 급격히 기울게 된 것은 아테나이 장군이 스파르타 해안을 약탈하면서 점점 많아진 헤일로타이들로 하여금 반란을 선동하면서 무너지기 시작했다.

스파르타는 남성중심의 국가로, 로마와 일맥상통하는 부분이 있었기에 로마와 동맹관계를 유지할 수가 있었다. 스파르타와 로마가 남성중심의 군사국가라면, 그리스는 문예, 철학 등 여성성이 많은 국가였다.

스파르타는 육군이었고, 아테네는 해군이었다. 스파르타식 군사훈련은 로마에서도 이어졌고, 지배계층은 군사훈련을 받아 최고의 전사로 성장하였으며, 언어, 예술, 문학 등은 이집트 유학을 한 그리스인이 담당하였다. (알렉산더 대왕의 과외선생은 아리스토텔레스였다.)

시대적 가치나 이상은 변한다

BC 5세기에는 군인이 최고의 지배계층이었다면, 지금의 세상은 상인이 최고의 지배계층이 되었다. 과거에는 명예에 가치를 두었다면, 지금의 시대는 돈에 가치를 두는 시대다. 돈이 곧 권력이 되는 세상이다. 이러한 가치나 이상은 시대적으로 변하게 마련이다. 시대의식이 무엇을 따라가는지에 따라 시대적 이상과 가치는 변한다.

BC 5세기를 전후로, 인간은 내면을 탐구하기 시작하였다. 내면을 탐구하면서 철학을 발전시켰고, 지식과 깨달음의 열망은 수많은 문학과 종교의 이데올로기 그리고 과학을 탄생시켰다. 외부로부터의 침략에 방해받지 않을 때, 인간은 내면을 향하고 자아를 연구하였다. 전쟁이라는 것은 문명과 문명을 힘으로 통합하는 과정이기도 하다.

고대에 우리는 하나의 뿌리에서 출발했고, 그 뿌리가 갈라지면서 수많은 문명을 탄생시켰다. 뿌리와 뿌리가 만나고, 헤어지고를 반복하듯, 수많은 문명과 문명은 통합·분열 속에서 성장하였다. 그래서 고대로 올라갈수록 문명과 문명은 유사한 점이 많이 발견된다.

그리스·로마 문명은 고대 신라와 비슷한 점이 참 많다. 대륙의 양 끝에 위치하지만 비슷한 측면이 많았다. 건축 양식을 보더라도 아래처럼 비슷한 점을 발견할 수 있다.

원형이 훼손되기 전 석굴암 : 그리스/로마의 판테온과 유사하다.

판테온– 판테온기란 모든 신을 모시는 곳' 즉 천제를 지내는 환구단과 같다.

Chapter 05

르네상스와 이집트

르네상스 부흥에서 가장 중요한 코드는
헤르메스 트리메기투스이다.
유럽은 헤르메스라는 마법 상자의 봉인을 뜯으면서
수천 년 동안 잠들어 있던 신들을 깨우기 시작했다.

01 메로빙거 왕조와 켈트족

베냐민 지파 – 막달라 마리아 – 메로빙거 왕조

아르카디아[56]는 도리아인이 남하했을 때, 협곡과 산맥 등의 보호 아래 부족을 유지할 수 있었던 공동체였다. 이들 아르카디아인은 펠로폰네소스 전쟁 동안 스파르타에 충성을 바쳤는데, 이들 아르카디아인은 베냐민 지파로 알려지기도 하였다.

베냐민 지파는 이스라엘을 이루는 두 지파 (유다 지파, 베냐민 지파) 중 한 지파이며, 막달라 마리아 가문의 선조이기도 하다.

BC 1000년 경, 이스라엘의 최초 왕 사울왕이 베냐민 지파이다. 유다 왕국이 분열된 이후, 베냐민 지파는 바알의 아들을 숨겨주었다는 이유로, 다른 지파의 공격을 받아 전멸할 위기에 처하였다.[57] 그때 일부는 페니키아인의 도움을 받아 그리스 아르카디아 지역으로 들어갔고, 일부는 동유럽으로 이동했다고 한다. 이들 베냐민 지파는 '금송아지'를 숭배했다.

---

56 그리스 펠로폰네소스 반도에 있는 한 지역의 이름.

57 〈성혈과 성배〉에서 참고

예수 부활사건 이후, 베냐민 지파는 막달라 마리아가 주축이 되어 남프랑스로 이동한다. 이후 프랑스에서 5세기경 메로빙거[58] 왕조를 탄생시켰다. 그러나 게르만족인 카롤링거[59] 왕조에 밀려 무늬만 왕이 되었으며, 메로빙거 왕은 유럽에서는 바보 왕으로 불리기도 하였다. 이들 메로빙거 왕조는 예수의 후손이라 하여 중요혈통으로 전해져 내려온다. 이들은 템플기사단[60]의 보호를 받았다.

메로빙거 왕조는 곰 상징을 가지고 있고, 아르카디아인도 곰 숭배사상이 있었다. 그리고 메로빙거 왕조도 스파르타처럼 머리를 자르지 않고 길렀다고 전해진다.

유대계 메로빙거 왕조와 켈트의 연대

서로마를 인수한 게르만족은 프랑크왕국을 세운다. 프랑크 지역(프랑스지역)의 터줏대감인 메로빙거 왕조를 일단 바지사장 격인 무늬만 왕으로 앉혀놓은 뒤, 이중권력 체계를 통해 카롤링거 왕조가 실권을 잡게 된다. 이렇게 유럽의 왕조는 시작되었다.

메로빙거 왕조는 유대계 베냐민 지파로, 막달라 마리아의 후예들이

---

58 프랑크왕국 전반기의 왕조(481~751)
59 처음엔 메로빙거 왕조에 종사하는 궁재였다가 점차 실권을 잡아 나중에 카롤링거 가문을 세우면서 유럽의 왕조로 등장했다.
60 중세 십자군 시대의 3대 종교기사단 가운데 하나

다. 이들은 프랑스 골 지역에 자리를 잡았고, 켈트족과의 연대를 통해 유럽 일대의 정신적 지즈 역할을 하여 왔으나, 로마에 밀리고 또 게르만족에게 밀리게 되었다. 권력을 빼앗긴 메로빙거 왕조는 지하로 들어가게 되었고, 십자군전쟁 당시 잠시 부활하였으나, 템플기사단과 더불어 마녀사냥의 대상이 되었다. 결국 이들은 동병상련의 템플기사단과 스코틀랜드로 들어가 숨는다.

유럽의 원주민인 켈트족은 로마와의 전투에서 패배한 후, 북쪽으로 밀려나 스코틀랜드, 아일랜드지역으로 들어가게 된다. 이렇게 켈트족과 유대계는 로마와 게르만족에 밀려 북쪽의 섬으로 이주하였으나, 또다시 앵글로색슨족의 침략을 받게 되었다.

메로빙거 왕조는 후에 로렌 왕조로 그 맥을 이었다. 십자군전쟁 당시, 예루살렘 왕으로 로렌공작인 고드프루아 드 부용[61]이 왕으로 선출되었으나 이도 얼마 지속되지 못했다. 메로빙거 왕조를 보호하던 템플기사단은 프랑스에서 이단으로 몰린 후, 살아남은 자들은 그들의 조상이 있던 스코틀랜드로 들어가 프리메이슨으로 활동하게 된다.

11세기 카타리파가 부활하였을 때, 이들은 로마가톨릭의 견제를 받았고, 14세기 때 템플기사단과 메로빙거 왕조는 신성로마제국의 견제를 받았다.

스코틀랜드로 들어간 템플기사단은 스튜어트 가문과 연대를 하게 된

---

61 십자군 지도자 중 한명으로, 1099년 이슬람교도에게서 예루살렘을 되찾은 뒤, 팔레스타인에 세워진 예루살렘 왕국의 최초의 통치자가 되었다.

다. 16~17세기경 잉글랜드와 스코틀랜드는 끊임없는 전쟁을 벌여왔고, 그 결과 제임스 1세[62]가 잉글랜드와 스코틀랜드의 통합 왕이 된다.

잉글랜드와 스코틀랜드와의 통합과정에서 중요한 코드는 엘리자베스 1세와 메리 스튜어트였다. 이는 곧 켈트+유대계(메리 스튜어트)와 앵글로색슨(엘리자베스 1세)의 강압적 연대이며, 여기에서 앵글로색슨족이 우위를 점하게 된다.

잉글랜드와 스코틀랜드의 통합은 앵글로색슨족과 유대계의 연대를 가져오게 되었고, 영국은 다른 유럽에 비해 유대인에게 그나마 관대한 정책을 펼쳤다. 돈을 관리하는 유대인들은 영국의 전쟁자금 줄이 되었으며, 영국은 엘리자베스 1세 때에 이르러 대영제국으로 성장하게 된다.

---

62 스코틀랜드 여왕 메리 스튜어트의 아들로, 엘리자베스 여왕 이후 왕위에 오른다.

02 앵글로 색슨계 vs 게르만계 [말벌의 습격]

유럽의 종족과 패권

유럽은 크게 네 개의 그룹으로 나눌 수가 있다.
1) 게르만족 – 독일, 프랑스(북 프랑스), 오스트리아 등
2) 앵글로색슨족 – 영국(잉글랜드)
3) 슬라브족 – 동독, 폴란드, 체코, 헝가리, 우크라이나, 러시아 등
4) 라틴족 – 스페인, 이탈리아, 프랑스(남 프랑스) 등

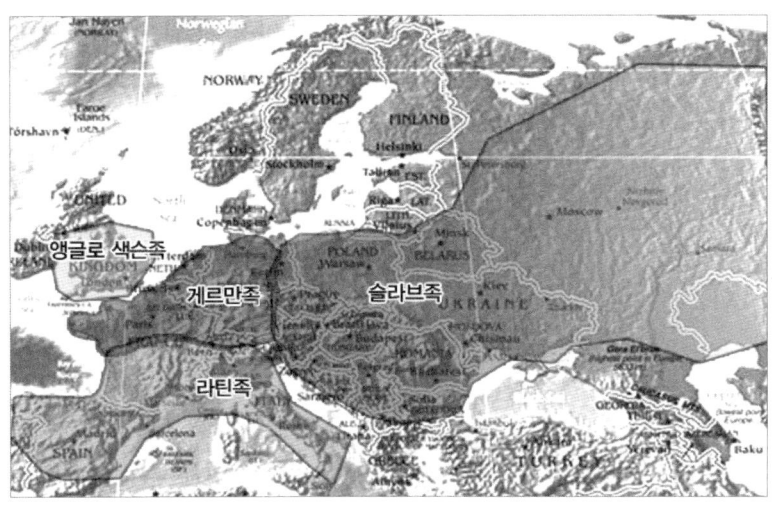

게르만족은 북쪽에서 내려오고, 슬라브족은 동쪽에서 왔고, 라틴족은 남쪽에서 올라왔다. 슬라브족은 과거 훈제국의 피가 섞인 나라들로, 이들은 백인과 아시안의 혼혈계열이며, 소련과 더불어 과거 공산국가를 형성하고 있었다.

1, 2차 세계대전 당시, 히틀러를 앞세워 독일계 게르만족이 유럽의 패권을 장악하려다가 실패한 이후, 유럽의 패권은 앵글로색슨족인 영국으로 넘어가게 되었다. 영국과 미국은 앵글로 색슨족이 패권을 장악했다고 보면 된다.

이들 앵글로색슨족이 전 세계 패권을 장악하자, 독일과 프랑스의 게르만계는 슬라브족과 연대하여 유럽연합을 탄생시켰고, 같은 게르만 후손끼리 패권 다툼을 벌이고 있다. 바로 앵글로 색슨 & 게르만계의 대결이 이루어지고 있다. 앵글로색슨족과 게르만족 둘을 좌지우지하는 세력이 '일루미나티[63]'이다.

WASP 말벌의 습격

미국의 상류 지배계층을 이루는 와스프 (WASP : White Anglo-Saxon Protestant)의 의미는 백인 + 앵글로색슨족 + 개신교도이다. 영국의 프로테스탄트들(신교)에 의해 세워진 나라, 미국을 지배하는 세력의 약자이며, 말벌도 'Wasp'라고 쓴다.

63　1776년 설립된 비밀결사단체이다. 일루미나티는 라틴어로 '계몽하다' 혹은 '밝히다'라는 뜻의 "illuminatus"의 복수형이다. 예수회 회원인 아담 바이스하우프트에 의해 설립되었다고 알려져 있다.

말벌은 자신들이 꿀을 모으지 않고, 꿀벌들이 모아놓은 벌집을 습격하여 뺏는다. 이들 와스프(WASP)는 말벌처럼 각국이 벌어놓은 꿀벌집을 대량 습격하여 뺏어가는 것과 똑같은 행태를 보이고 있다.

현재 우리나라의 많은 제도가 이들 와스프 문화에 합류하기 위한 교육을 하고 있으며, 한국의 상위 클라스를 보면 미국유학을 한 기독교도들이 현재의 기득권으로 자신들만의 인프라를 형성하고 있다. 그들이 만들어놓은 교육시스템 자체가 와스프를 배출하기 위한 시스템이다. 이러한 사회진출라인을 통해서 어느 그룹에 소속되어 어떻게 충성하느냐에 따라 자신의 출세가 보장되는 것이다.

이러한 환경 속에서는 아무리 뛰어난 천재라 할지라도 위의 루트를 밟지 않는다면 지도층이나 상류층으로 절대 진입을 할 수 없다. 자신들 그룹에 포함되지 않는다면 어떤 수를 써서라도 밟아버리려 할 것이다. 그들에게는 지배층과 피지배층만 있을 뿐이다.

현재 우리나라의 교육도 소수의 와스프들을 배출하기 위한 구조를 가지고 있으며, 시스템 내에서 우리가 할 수 있는 일은 와스프에 합류하거나, 도태되어 피지배층의 길을 가거나 두 가지의 길이 있을 뿐이다.

이 시스템의 근본적인 문제가 해결되지 않는 한, 우리는 소수지배계층을 위한 충실한 세금 원이자 노예가 되어갈 뿐이다. 지금의 교육은 인간을 만드는 교육이 아니라 시스템에 잘 길들여진 고이[64]를 만드는 교육이다.

64　잘 길들여진 가축이라는 의미로, 시온의정서에 등장하는 말이다.

03 메로빙거 왕조와 메리 스튜어트

모계상징 - 메로빙거 왕조

메로빙거(Merovingian)는 mero의 '바다'라는 뜻과 virgin의 처녀, 동정녀, 마리아라는 뜻이 합쳐진 글자이다.[65] '바다를 건너온 마리아' 즉 막달라 마리아를 상징하는 이름이기도 하다.

메로빙거 왕조는 유럽의 유대계 왕조이다. 메로빙거의 왕들은 초능력을 가진 사제왕, 혹은 긴 머리 왕이라 불렸으며, 붉은 머리카락 색을 가지고 있었다.

켈트족(스키타이계)과 유대계의 연대는 무덤형식 등에서 비슷한 점을 발견할 수가 있다.

메로빙거의 왕 힐데리히 1세의 묘에서는 잘린 말머리와 황금으로 만든 황소 마스크, 수정구 등이 발견되었으며, 꿀벌모형이 수백만 개가 발견되었다고 한다. 이는 메로빙거 왕조가 여왕벌 코드를 가지고 있으

---

65 신화 위키에 나오는 메로빙거 내용 참조

며 이름의 뜻을 보더라도 모계상징을 가지고 있다.[66]

〈나는 아르카디아에도 있느니라〉
니콜라스 푸생(1594~1665)

위 그림은 마리아와 목동들이 무덤을 살펴보고 있다. 니콜라스 푸생은 템플기사단으로 알려지기도 하였다. 아르카디아와 베냐민 지파는 메로빙거 왕조와 연관이 있다.

유럽의 중심에는 막달라 마리아가 있었다

유럽의 수많은 상징은 예수와 막달라 마리아를 이야기하고 있다. 로마와 유대로부터 버림받은 예수와 막달라 마리아는 그들의 눈을 피해 이집트(이집트에서 딸 사라를 낳는다)를 거쳐 남프랑스로 들어간다.[67]

---

66 성배와 성혈 참조
67 성배와 잃어버린 장미 참조

그곳에서 원주민인 켈트족과 연대하여 공동체를 이루고, 유럽 일대에 메시지를 전하였다. 이렇게 메로빙거 가문이 탄생하게 되었다. 메로빙거 왕조는 막달라 마리아의 후손으로 유명하며, 이들이 성배를 보호하고 있다고 하는데, 이는 곧 '예수의 혈통'을 이어오고 있다는 뜻이기도 하다.

메로빙거 왕조 ▶ 로렌 왕조 ▶ 기즈 가문 ▶ 스튜어트 가문

남프랑스(프로방스)에 위치하던 메로빙거 왕조는 게르만족들이 이주해 오면서 왕좌를 빼앗기게 되었고, 간신히 이어져 온 가문은 북부지역의 로렌지방과 혼인정책으로 인해 로렌왕조로 바뀌게 되었다.

로렌왕조는 프랑스의 기즈[68] 가문으로 연결되었고, 기즈가는 스코틀랜드와 긴밀한 연결이 되어있다. 스코틀랜드 여왕 메리 스튜어트의 엄마는 마리 드 기즈[69]였고, 메리 스튜어트는 프랑스의 프랑수와 2세와 결혼을 하였다. 이 당시, 스코틀랜드와 프랑스는 혼인으로 연결된 동맹체제를 구축하고 있었다.

스코틀랜드와 프랑스의 연대는 메리 스튜어트가 참수당한 뒤 끊어졌고, 제임스 1세[70]때 스코틀랜드와 잉글랜드의 합병이 이루어진다.

---

68 로렌가의 L.클로드(1496~1550)가 프랑수아 1세(재위 1515~1547)를 위하여 세운 전공으로, 1527년 기즈공으로 봉해진 것이 이 가문의 시작이다.

69 프랑스 명문 귀족이자 방계왕족으로, 스코틀랜드 왕 제임스 5세와 결혼하였다.

70 메리스튜어트와 단리의 아들로, 스코틀랜드에서는 제임스 6세이며, 엘리자베스 여왕에 의해 잉글랜드와 스코틀랜드 통합왕으로 앉는다.

메리 스튜어트는 간접적으로 메로빙거의 혈통을 이어받았다. 메리 스튜어트의 출생을 살펴보면, 스코틀랜드 왕 제임스 5세와 마리 드 로렌(기즈) 사이에서 태어나, 생후 6개월 만에 여왕의 자리에 등극한 후, 마리 드 기즈의 고향인 프랑스로 유학을 간다.

그곳에서 프랑수아 2세와 결혼을 하여 프랑스 왕비의 자리에 오르나, 프랑수아의 죽음으로 메리 스튜어트는 고향 스코틀랜드로 들어가 그곳에서 여왕으로 등극한다.

메리가 프랑스로 유학을 간 것은 어머니가 프랑스 기즈 가문의 귀족이었기에 가능한 일이었으며, 기즈 가문은 프랑수아 1세 때 끌로드 드 로렌이 공을 세우면서 '기즈'란 이름을 받아서 탄생된 가문이다. 즉 기즈 가문은 로렌 가문으로부터 나온다.

이 로렌 가문이 바로 메로빙거 가문의 후손이다. 1차 십자군전쟁의 명분, 즉 예루살렘을 예수의 후손이 통치해야 한다는 이유로, 십자군전쟁 당시, 예루살렘을 정복하고 이곳의 초대 왕으로 로렌 가문의 고드프루아 드 부용를 예루살렘 왕으로 앉히게 된다. 그 후 예루살렘은 로렌 가문에 의해 통치되다가 사라센[71]에 의해 빼앗기게 된다.

---

71 중세의 유럽인이 서아시아의 이슬람교도를 부르던 호칭

로렌 가문은 유럽의 왕조와 결혼을 통한 영역확장을 이루는데, 그중에서 합스부르크-로렌 가문의 탄생이 있었다. 합스부르크-로렌 가문은 오스트리아, 헝가리, 독일 등을 지배했던 가문이다.

템플기사단은 주로 프랑스 남부 프로방스의 귀족들이 많았다. 템플기사단 해체사건[72]으로 많은 템플기사단이 스코틀랜드로 이주하였으며, 이들이 프리메이슨의 비전을 전수하는데 지대한 역할을 하게 된다.

애증의 관계 – 메리 스튜어트와 엘리자베스 1세

메리 스튜어트는 프리메이슨의 키를 쥐고 있는 중요 핵심 인물 중 한 명이다.

르네상스가 부활하면서 아시아의 수많은 정보가 유럽에 들어오게 되었다. 감추어진 지식, 혹은 감추어진 단체들이 하나둘씩 수면으로 올라오고 있었으며, 프리메이슨의 중심세력에 메리 스튜어트와 엘리자베스가 양대 산맥으로 등장했다.

메리 스튜어트는 템플기사단으로부터 이어져 온 프리메이슨의 스코틀랜드파이고, 엘리자베스는 새롭게 등장한 요크파로, 프로테스탄트

---

72 1307년 프랑스 왕 필리프 4세가 왕권을 강화하기 위한 목적으로 이들을 이단으로 간주하고 프랑스 각 지역에 있는 회원들을 모두 체포하고 재산까지 몰수한 뒤 6년간 이단 심문을 단행하였다.

의 지원을 받게 된다.[73]

프리메이슨은 요크파와 스코틀랜드파로 나뉜다. 요크파는 잉글랜드 프로테스탄트와 연대를 하였고, 스코틀랜드파는 프랑스계 가톨릭과 연결되어 있다.

프리메이슨이 힘을 갖게 된 것은 마법과 과학기술을 가지고 있던 일루미나티와의 연대를 통해서 급속한 성장을 이룩하였다.

르네상스 이후, 서양의 마법사들은 동양에서 받아들인 기하학, 수학, 과학, 천문학, 화학 등을 통해 과학기술을 발전시켰으며, 장미십자회, 일루미나티 등의 오컬트 단체들은 모두 동양의 이론을 바탕으로 시작된 단체들이다.

엘리자베스 1세의 점성술사인 '존 디'도 마법사이자 과학자이며, 기하학, 수학, 천문학, 연금술 등의 과학기술을 지니고 있었다. 존 디는 영국이 대영제국으로 성장하는 데 있어 영적 바후 역할을 톡톡히 하였다.

---

[73] 프리메이슨 입단 후, 두 개의 파를 선택해서 들어간다. 스코틀랜드 중심의 스코틀랜드파는 33도 계급, 영국 중심의 요크파는 10도의 계급으로 나뉜다.

04 르네상스와 이집트

문명의 눈을 뜬 시기 〈르네상스〉

르네상스란, 한마디로 서구 유럽이 문명의 눈을 뜬 시기이다. 사전적 의미는 〈재탄생, 거듭남〉을 뜻하며, 14~16세기에 일어난 문예부흥운동이다. 그러나 르네상스는 재탄생도 아니고, 암흑의 중세시대를 종식시킨 것도 아니다. 서로마 멸망 후, 문명의 단절로 인해 유럽은 암흑기를 거쳤을 따름이며, 이는 곧 로마를 대신할만한 세력이 없었다는 뜻이다.

르네상스는 유럽의 재탄생이 아니라 이전문명과 고대 동방의 문화가 유입되면서 유럽 백인들이 비로소 눈을 뜨기 시작한 사건이다. 중요한 것은 르네상스 이전에 '서양 백인문명'이란 없었다는 것이다.
르네상스를 거치면서 서양 백인들은 그리스와 로마를 자신들의 선조로 편입을 시키는 작업에 들어갔다. 르네상스란, 번역과 인쇄술이 발달하면서 고대의 자료를 모으고 분류하면서 발생한 흐름이었다.

일제 점령기 일본인들이 조선을 더 잘 알았던 것처럼, 자료를 모으고 분류하여 재편성하는 자들이 우위를 점하기 마련이었다.

르네상스의 부흥을 맨 처음 이끈 이들은 피렌체의 [플라톤 아카데미]였다. 플라톤 아카데미는 마르실리오 피치노[74]가 설립하였고, 메디치가[75]에서 후원하였다.

1460년, 플라톤 아카데미는 플라톤 저서를 비롯하여 헤르메스 관련 서적들을 라틴어로 번역 및 편찬을 하였고, 이로써 그리스 철학과 과학, 문학은 새롭게 부활하게 되었다. 피렌체는 문예의 부흥지로 유럽의 으뜸가는 중심지가 되었다. 메디치가에서 후원하였던 인물로는 갈릴레오 갈릴레이, 미켈란젤로, 보티첼리 등이 있었다.

메디치가는 학예와 건축에 대한 관심이 많았기에, 장인계급 다시 말해 그 당시 중간계층이었던 이들의 환심을 사려고 노력하였고, 이들을 통해 버려진 많은 고대문서를 모을 수 있었으며, 르네상스의 부흥을 이끄는 데 제일 앞장섰던 가문이다.

또한, 플라톤 아카데미의 책임자였던 피치노는 피카트릭스[76]의 마법서에 영향을 받아 퀼리즈먼(물체에 깃드는 신성한 힘)과 별 마법의 근본을

---

74 이탈리아의 르네상스의 플라톤주의 철학자이다. 피렌체에서 출생. 피렌체와 피사(Pisa)에서 의학 및 철학을 공부하고 메디치가(Medici 家)의 보호를 받아 플라톤 아카데미 학장이 되었다.

75 15~16세기 피렌체공화국에서 가장 영향력이 컸던 가문이며, 공화국의 실질적인 통치자였다. 학문과 예술을 후원하여 르네상스 시대가 피렌체에서 열리는데 결정적인 역할을 하였다.

76 중세 유럽의 대표적인 마술서의 하나로, 1256년에 아라비아어에서 스페인어로 번역되었다. 15세기에는 라틴어의 사본도 나타나고, 유럽세계에 보급되어서 당시의 마법에 큰 영향을 미쳤다. 이 책은 선행의 신비적인 여러 저작에서 발췌해서 편집한 것으로, 정령의 호출을 주로 하는 다양한 마술이나 점성술적 비법이 주장되었다.

확립하였다. 『피카트릭스』는 12세기경 헤르메스 사상에 영향을 받은 아랍인이 쓴 책으로, 스페인에서 발견되었으며, 이 마법문서는 서양마법의 기본바탕이 되었다.

이 "피카트릭스"가 왜 중요하냐 하면, 행성의 영을 소환하는 과정과 텔리즈먼 그리고 마법에 관한 기술 등을 자세하게 다루고 있기 때문이다. 즉 서양 백인이 이때부터 영계와의 접속코드를 알았다는 점이다.

르네상스 부흥에 있어 가장 중요한 코드는 헤르메스 트리메기스투스[77]이다. 헤르메스학은 마법서의 정수이자 핵심코어이다. 이것은 헤르메스라는 마법 상자의 봉인을 뜯으면서 수천 년 동안 잠들어 있던 이집트 신들을 깨우기 시작했다.

---

77 정확한 연대는 알려져 있지 않지만 대략 3세기라고 알려져 있으며, 신비한 인물로, 그 이름은 "3중으로 최고인" Hermēs란 뜻이다. Hermēs는 그리스신이지만, 이집트신 Thoth와 동일시되기도 한다. 신비적인 학문의 신으로 되어있으며 플라톤 철학과 스토아 철학에 관한 것이 많으며, 그 밖에 신비적인 종교, 점성술, 연금술 관련 내용 등이 있다.

헤르메스와 이집트 마법

헤르메스 마법서의 봉인을 처음 연 것은 조르다노 부르노였다. 조르다노 부르노(Giordano Bruno, 1548~1600)는 결국 로마교황청에 의해 이단으로 몰려 화형에 처해졌지만, 르네상스를 본격적으로 활성화 시킨 인물이기도 하다.

조르다노 부르노

조르다노 부르노는 과학자이자 철학자이며 마법사였다. 부르노는 갈릴레이보다 지동설을 먼저 이야기한 사람이다. 부르노가 이단판정을 받은 그의 우주관은 다음과 같다.

"우주는 무한하게 펴져 있고, 태양은 그 중에 하나의 항성에 불과하며, 밤하늘에 떠오르는 별들도 도두 태양과 같은 종류의 항성이다"

조르다노 부르노는 이탈리아 사람으로, 메디치가와 관련이 있다. 그때 당시 피렌체 메디치가의 엘리트였던 카트린 드 메디치[78](1519~1589)가 프랑스 왕실의 황비가 되었고, 앙리3세[79] 때 조르다노 부르노가 프랑스 왕실과 연결이 되었다고 본다. 이때 메리 스튜어트는 카트린 드 메디치의 아들 프랑수와 2세의 왕비였다.

---

78 이탈리아 메디치 가문으로, 프랑스 왕 앙리 2세와 결혼하였다.
79 카트린 드 메디치의 가장 총애받는 아들이었다. 1574년 형 샤를 9세의 사망으로 프랑스 국왕이 되었다.

한편 영국의 왕실은 '존 디'라는 점성술사가 엘리자베스 여왕의 책사가 되어 아메리카 정복 등 영국을 대영제국으로 이끄는데 지대한 역할을 하였다. 007에 나오는 제임스 본드는 '존 디'라는 인물이 모델이다.

헤르메스문서가 번역되면서 헤르메스적 마법사들이 등장하기 시작하였다. 이들은 고대인들의 직관과 통찰력을 연구하기 시작하였으며, 고대의 문명을 연구하고 되살리고자 하는 열망을 가지고 있었다.

조르다노 부르노 이후, 이탈리아의 캄파넬라[80]는 [태양의 제국]이라는 책을 저술하였다. [태양의 제국]이란, 사제집단의 자문을 받는 태양군주를 탄생시키고, 태양 군주의 통치는 마법적인 헤르메스 종교를 도입하고, 그 종교를 중심으로 세계 만국이 통합된다는 내용이다. 이는 프리메이슨의 주요 모태가 되었다.

헤르메스학의 기원은 이집트이고, 점성술을 바탕으로 한 마법서이다. 이집트는 영계의 문(저승의 문)을 관리하는 핵심코어가 숨겨져 있는 곳으로, 서양 백인들은 별의 마법을 통해 신들을 하나둘 불러내어 물질계로 소환하기 시작했다. 그러나 이들이 불러낸 것은 '아틀란티스의 기억'이었다. 아틀란티스 기억이 깨어나는 주요통로는 WASP[81]이다.

중요한 것은 서양의 지배계층은 이집트 종교를, 피지배계층은 기독교

---

80 (1568~1639) 르네상스기의 이탈리아 철학자로, 진보적, 공상적 공산주의자로 분류되기도 한다.

81 [WASP 말벌의 습격] 참고

를 따른다.

　이집트 종교는 영계를 다스리는 마법과 관련된 부분이라 소수만이 접할 수 있어야 하며 기독교는 '믿음의 맹종'을 강요하기 때문에 피지배계층을 다스리기에는 탁월하다.

　이집트 종교는 쉽게 범접할 수 없는 비밀조직을 통해서 퍼질 수밖에 없었고, 유럽의 지배층이 소속되어 있는 프리메이슨을 통해서 전수되었다.

　르네상스 시기에 헤르메스 관련 서적들이 번역되었고, 이를 통해 서양의 마법사들은 자구 영계를 연구하기 시작했다. 이들 마법사는 영계를 장악하는 자가 물질계도 장악한다는 사실을 알고 있었다. 또한, 이들은 유럽왕실과 직접 연결되어 유럽의 정신적인 배후가 되었다. 그리고 일반백성들은 접근하지 못하도록 철저히 막았고 터부시했으며, 혹은 미신으로 치부해 버렸다.

　이렇듯 우리가 영적인 부분을 미신으로 취급하고 등한시할 때, 18~19세기 유럽과 일본은 우리가 '미신'이라 부르는 영적인 부분을 연구하고 발전시켰으며, 제국주의 시대를 여는 데 있어서 중요한 나침반으로 삼았다.

05 이집트는 배달 한국의 제후국이었다

서쪽의 관문 '이집트'

BC 3000여 년 전, 치우천왕 치세 당시, 배달환국의 문명은 세계 곳곳으로 퍼지게 되었고, 조화의 빛은 전 대륙을 비추었다. 하나로 소통하는 세상이었다.

긴 빙하기를 마치고 봄이 찾아온 것처럼, 환국의 문명은 떠오르는 태양이었다. 환국의 보호 아래 최신문명을 받아들인 나라는 급속도로 문명의 성장을 가져오게 되었다.

배달환국 시절, BC 3000여 년경, 이집트는 서쪽의 문에 해당하였고, 아틀란티스의 잔존 세력들은 서쪽 문을 통해 끊임없이 들어오려 하였다. 그래서 환웅은 이 지역에 강력한 환국의 제후국을 건설하고자 했다.

이집트 지역을 다스리던 나르메르[82]는 환국의 신문명을 받아들이면서 환국의 지원을 받게 된다. 즉 나르메르는 서쪽의 수호신장인 셈이었다.

이집트는 원래 흑인들이 살던 나라로, 배달한국의 지원을 받은 나르

---

82 고대 이집트 제1왕조의 왕 (B.C. 3100년경)

메르는 이집트 일대어 통일왕국을 이룩하게 된다. 이로써 이집트는 활발한 교역과 더불어 새로운 문물들이 들어오게 되었고, 파라오는 환국의 여인을 왕비로 맞이하기도 했다.

이집트의 고왕국 시대의 파라오 얼굴들을 보면 흑인 얼굴과 동양인의 얼굴이 교차한다.

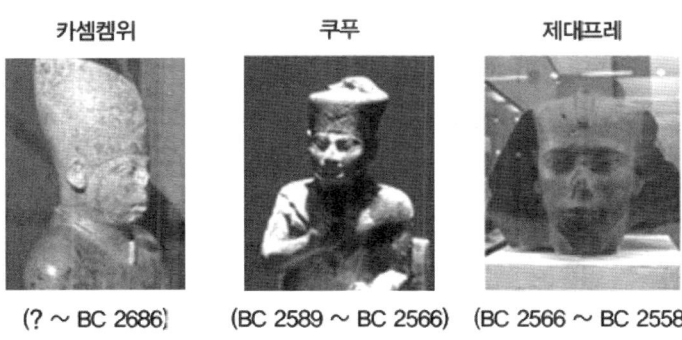

카셈켐위   쿠푸   제대프레
(? ~ BC 2686)   (BC 2589 ~ BC 2566)   (BC 2566 ~ BC 2558)

환국으로부터 받아들인 천문학과 과학적인 농법 그리고 건축법 등은 이집트에 급속한 발전을 가져오게 되었다. 풍요로운 나일강과 더불어 서쪽 지역의 최대도시로 성장하게 되었고, 나르메르는 환국의 제후국으로 강력한 왕권을 확립한다.

나르메르가 통일왕국을 건설한 후, 수도를 '백색의 성벽'이라고 알려진 멤피스로 옮기고, 환국의 제후국가로서 최초의 파라오 자리에 앉게 되었다. 멤피스의 신은 황소인 아피스이다. (오행으로 보면, 서쪽은 흰색에 해당된다.)

이는 이집트가 중원대륙에 있던 환제국의 서쪽 제후국 중의 하나로, 황소 투구를 쓴 '치우천왕'을 전갈 왕이자 신으로 모셨음을 상징한다.

Chapter 5. 르네상스와 이집트 · 159

한편 치우천왕 치세 당시, 파라오 카셈켐위[83]는 북부반란군 47,209명을 처단하였다는 기록이 있다.

환국의 천문학과 역법, 과학적 농법, 수학과 건축학 등이 이집트 제2왕조, 3왕조 때 들어오게 되었고, 이를 바탕으로 피라미드를 건축하게 된다. 이러한 문명의 흔적들은 이집트 사제들에 의해서 전수, 보관되었다.

이집트 왕조 연대

- **초기왕조 시대(기원전 31세기 ~ 기원전 2686년)**
  제1왕조 제2왕조
- **고왕국 시대(기원전 2686년 ~ 기원전 2181년)**
  제3왕조 제4왕조 제5왕조 제6왕조
  제1중간기(기원전 2181년 ~ 기원전 2040년)
  제7, 8왕조 제9왕조 제10왕조 제11왕조 (통일 전)
- **중왕국 시대(기원전 2040년 ~ 기원전 1782년)**
  제11왕조 (통일 후) 제12왕조
  제2중간기(기원전 1782년 ~ 기원전 1570년)
  제13왕조 제14왕조
  제15왕조 제16왕조 제17왕조
- **신왕국 시대(기원전 1570년 ~ 기원전 1070년)**
  제18왕조 제19왕조 제20왕조
  제3중간기(기원전 1069년 ~ 기원전 525년)
  제21왕조 제22왕조 제23왕조
  제24왕조 제25왕조 제26왕조
- **말기왕조 시대(기원전 525년 ~ 기원전 332년)**
  1차 페르시아 점령기(제27왕조)
  제28왕조 제29왕조 제30왕조
  2차 페르시아 점령기(제31왕조)
- **그리스-로마계 왕조 알렉산더 대왕**
  프톨레마이오스 왕조(제32왕조)
  (기원전 305년 ~ 기원전 30년)
  로마 제국령 이집트

---

83 (? ~ 기원전 2686년) 이집트 제2왕조의 마지막 파라오이다.

이집트는 상, 하이집트로 나뉜다. 나일강은 지도에서 처럼 남에서 북으로 지중해 방향으로 흘러들어 간다. 그래서 테베지역을 상이집트라 하고, 멤피스지역을 하이집트라고 한다.

하: 이집트 수도 - 멤피스
상: 이집트수도 - 테베

하이집트 부분의 델타지역 아래 멤피스에 이집트 최초 왕조가 들어서게 될 것이다. 멤피스의 위쪽에 카이로가 있고, 이 카이로지역에 바로 이집트 최대의 피라미드가 들어서 있다.

피라미드는 환국을 대표하는 건축물이며, 이집트와 중국 서안 일대에도 피라미드가 널려있다.

중국 서안 피라미드군(구글어스)

(좌) 중국 서안 피라미드, (우) 이집트 기자 피라미드

문명의 전환기

이집트의 고왕국은 BC 2333년, 제5왕조의 테티 왕으로부터 끝이 났다고 봐야 한다. 테티 왕이 경호원으로부터 살해당한 뒤, 6왕조는 지방 귀족들이 점점 파라오의 권위에 도전하는 시기였다. 이때 환국은 BC 2333년, 배달환국이 문을 닫고, 단군조선으로 새로운 문명의 전환기를 맞이하였다. 천자국인 단군의 중심지는 점점 동쪽으로 이동하였고,

문명은 동과 서로 갈라지게 되었다.

  오시리스는 환웅, 호루스는 단군으로 상징된다. 환웅 중에서 치우환웅이 '황소'로 상징되었고, 황소 시대가 끝나고 호루스 시대가 열렸다. 이집트는 고왕국 시대를 마감하고 1중간기에 들어서면서 헬리오폴리스, 즉 태양의 도시에서부터 '라(헬리오폴리스)'가 떠오르게 된다.

멤피스 – 아피스(황소)
헬리오폴리스 – 라(태양)
테베 – 아몬(숫양)

  7왕조부터 멤피스의 중앙정부가 약해졌다. 8왕조에서 파견한 총독이 헬리오폴리스에 새롭게 왕조를 개창하였고, 중부의 헤라클레오폴리스와 남부의 테베도 독자적인 흐름을 띠면서 제1중간기에 치열한 권력다툼이 생기게 되었다.
  이 시기에 아틀란티스와 레무리아의 잔존 세력들은 이집트로 들어오기 위해 치열한 다툼 끝에 레무리아계가 테베에서 권력을 잡게 된다.

06 그리스로 이동한 이집트의 아멘 대사제단

신의 아들, 단군과 호루스

초기 이집트왕조의 파라오는 총독의 개념을 가지고 있었으며, 신의 선택을 받은 대리자로서, 신에 버금가는 막강한 지위를 행사할 수 있었다. 그러나 태양신 라가 등장한 시점부터 파라오는 곧 신으로 간주 되었다.

오시리스(하늘)와 이시스(땅)의 결합으로 탄생된 호루스는 신의 아들이자, 지구의 왕이 되었다. 그 당시 신이란, 환웅을 뜻하며 환웅(오시리스)과 마고의 후예(이시스-레무리아 곰족) 사이에서 탄생한 단군은 호루스와 마찬가지로 신의 아들이 된다.

단군시대는 제정일치의 시대이다. 즉 제사장이 왕이 되는 시대로, 신을 대신하는 지도자의 권력이 막강하였다. 호루스와 단군은 하늘과 땅의 결합 속에서 탄생된 완전체로 등장한다.

고대 이집트도 환국과 비슷한 흐름을 가지고 있다. 비슷한 시기에 이

전 문명이 문을 닫았고 새로운 왕조가 들어서기 시작한 시점이었다. 이집트는 5왕조부터 태양신 '라'가 등장하였고, 환국에는 중앙정권인 환국이 문을 닫고, 단군조선이 문을 열었다. 단군은 이집트의 호루스로 상징된다. 자신이 곧 신의 아들이라고 하는 파라오와 단군시대가 열린 것이다.

이집트의 상징은 무대륙으로부터 왔다

상이집트(테베)의 상징 식물은 로터스(연꽃)이고, 동물은 독수리이다. 하이집트(멤피스)의 상징 식물은 파피루스이고, 동물은 코브라이다.

상이집트의 연꽃은 인도와 레무리아의 상징이고, 하이집트의 파피루스는 마고문명의 상징인 마(麻)처럼 천과 종이를 만들 수 있는 식물이다. 또한, 마문명, 레무리아문명 모두 뱀 상징코드를 가지고 있었다.

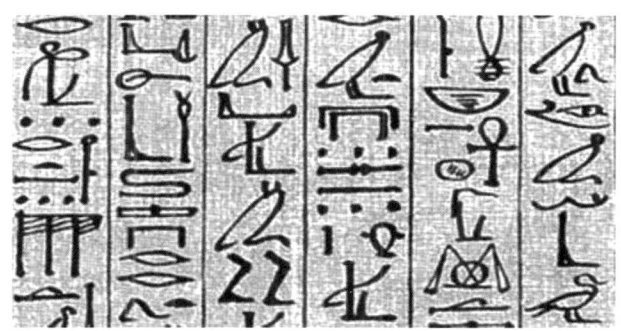

파피루스에 그린 상형문자

한편 상이집트는 흰 왕관을, 하이집트는 붉은 왕관을 썼으며, 통일왕조가 탄생하면서부터 양쪽 관을 조합한 이중관을 쓰게 되었다.

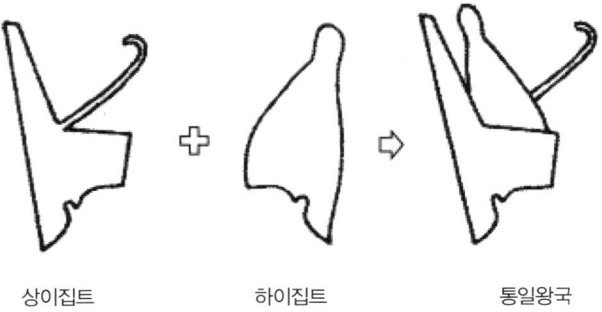

상이집트   하이집트   통일왕국

- **고왕국(BC 2686~2181)은 멤피스정권(500년)**
  제1중간기(BC 2181~2040) 테베와 헤라클레오폴리스정권
- **중왕국(BC 2040~1782)은 테베정권에 의한 통일(200년)**
  제2중간기(1782~1570)는 힉소스왕조(아시아계)
- **신왕국(BC 1570~1070)은 테베통일(500년)**
  제3중간기(BC 1069~525)는 리비아왕조(아시아계), 아멘 대사제단
- **말기왕조(페르시아 점령기)**
- **그리스-로마계 왕조**
  프톨레마이오스 왕조(기원전 305년 ~ 기원전 30년)
  로마 제국령 이집트

- **중왕국**(기원전 2040년 ~ 기원전 1782년)

   (11왕조, 12왕조)

   상·하이집트를 통일한 테베의 멘투호테프2세[84] 때부터 중왕조가 시작된다. 중왕조의 특징은 상이집트(테베)에 의한 통일왕조라는 점이다.

   이때부터 레무리아식 제의가 이집트로 들어오기 시작했으며, 다소 안정된 왕조가 이어졌다. 중왕조가 끝난 시점은 힉소스[85]왕조가 들어섰고 이때부터 제2중간기로 접어든다. 중왕국의 파라오도 동양적인 얼굴 형태를 이루고 있다.

- **신왕국**(기원전 1570년 ~ 기원전 1070년)

   (18왕조, 19왕조, 20왕조)

   테베의 왕가 출신인 아흐모세 1세[86]에 의해 상·하이집트가 통일되고, 새롭게 들어선 신왕조는 이집트 제국이라 불렸으며, 이집트를 가장 번성한 시기로 만들었다. 이 시기 이집트 제국은 절정을 이루었으며 신왕조의 파라오 하트셉수트[87], 아멘메세스[88] 석상을 보면 아시안계 얼굴형이다.

---

84 이집트 제11왕조의 파라오(재위기간 기원전 2060년 ~ 기원전 2010년). 제1중간기의 혼란을 끝내고 상·하이집트를 통일하였다. 그의 이름은 '멘투(테베의 전쟁신)가 만족하신다'라는 뜻이다.

85 힉소스는 히스코스라고도 불리며 아시아 계통의 호전적 인종이다. 그들은 말을 타고 싸웠으며 이집트에 활, 말, 전차 등 신무기 등을 들여왔다. 유대인과 창세기, 출애굽기가 바로 이 시절과 연관이 깊다는 설이 있다.

86 이집트 제18왕조 첫 파라오. 테베 왕족이다. 아흐모세 뜻은 '달에서 태어난다.'

87 이집트 제18왕조 제5대의 여왕, 하트셉수트라는 뜻은 '가장 고귀한 숙녀'

88 이집트 제19왕조 제5대 파라오, 아멘메세스의 뜻은 '아멘이 만들었다.'

아호모세 1세	하트셉수트	투트모세 3세	아크나톤

(BC 1550 ~ BC 1525)	(BC 1479 ~ BC 1458)	(BC 1504 ~ BC 1450)	(BC 1350 ~ BC 1334)

투탕카멘	세티	람세스	아멘메세스

(BC 1334 ~ BC 1325)	(BC 1290 ~ BC 1279)	(BC 1279 ~ BC 1213)	(BC 1202 ~ BC 1199)

아멘신(숫양)과 아텐신(태양)

신왕조에서 아멘호테프4세[89]는 이집트 모든 왕들 중 가장 논쟁이 되는 인물이다. 아멘호테프4세는 아케나텐(Akhenaten) 혹은 아크나톤(Akhnaton)으로 불린다. 그는 테베의 수호신인 아멘신(Amen)[90]

---

89 고대 이집트 제18왕조의 파라오. 아멘호테프. 뜻은 '아멘이 기뻐한다' 재위 5년에 아크나톤(아텐의 종)으로 개명하였다.
90 테베의 수호신으로 숫양신. 아몬, 아문이라고 부르기도 한다.

을 버리고, 태양신 숭배를 뜻하는 아케나텐(Akhenaten) 혹은 아크나톤(Akhnaton)으로 이름을 바꾼 뒤, 아텐에게 바치는 수많은 신전을 지었다. 아케나텐이라는 뜻은 '아텐에게 봉사'라는 뜻이다.

아멘 숭배와의 완전한 단절을 위해 수도를 테베에서 중부 헤라클레오폴리스(알아마르나)로 옮기고, 신도시 아케타텐(Akhetaten, 아텐의 지평선이라는 뜻)를 건설한다.

아텐(태양신을 상징하는 태양판) → **아멘**(숫양신)

아케나텐이 기존 아멘신에서 아텐신으로 대체하게 된 이유는 아멘신에게 제사를 지내는 신관들의 세력이 왕권을 억제할 정도로 커졌기 때문이다. 왕권을 위협하는 신권을 제어하고 강력한 왕권을 확립하기 위해서였다.

그러나 이도 잠시, 이집트 북부의 군대 총사령관인 흐렘헤브[91](18왕조 마지막 왕)는 왕위에 오른 뒤, 아텐신 숭배를 폐지하고 아멘신 숭배를 되살리면서, 아텐신의 상징물들은 모두 파괴하였다. 아멘신을 숭배하지 않는 왕들의 이름은 지웠으며, 아텐신을 숭배하는 동안 중단되었던 원정무역을 개시하면서 외국과의 무역에서 권위를 찾으려 하였다. 이후 호렙헤브가 총리로 삼았던 람세스 1세가 왕위에 오르면서 19왕조 람세스 시대가 열리게 된다.

---

91 투탕카멘 시절의 유경한 장군이었다가 직접 파라오에 오른 인물

'아멘'은 이집트 '아멘신'에 대한 찬미를 뜻한다

그리스도교의 기도 끝 부분을 맺는말, '아멘'은 아멘 신으로부터 유래한다. 그리스도교는 야훼를 섬기는데 왜 아멘신의 이름을 부르는가?

아멘은 이집트로부터 기원한다. 모세가 쓴 모세 5경은 이집트의 영향을 많이 받았다. 서양에서 그리스도교는 하층민을 위한 종교이고, 프리메이슨은 상류계급을 위한 종교이다. 프리메이슨은 이집트 종교로부터 기원하며, 이집트 종교에는 이중철학이 잘 드러난다.

이집트 사제들은 그들만이 쓰는 신의 언어가 있으며, 일반인은 접근하지 못하였고, 철저히 지배계급을 위한 비전처럼 전해진다. 반면에 일반평민 혹은 하층민을 통솔하기에는 믿음과 복종 그리고 미신만큼 좋은 것도 없다.

주문을 '만트라'라고 하는데, 이는 강력한 힘을 발휘한다. 수많은 그리스도교인이 기도 후 끝맺는 말, '아멘'은 아멘신에게 힘을 불어넣는 주문과도 같다. 신의 이름을 부름으로써 무형의 신을 유형의 신으로 만들고, 보이지 않는 에너지를 물질화시키는 힘이 주문과 부적에 들어있다.

이집트 종교는 텔리즈먼의 종교로, 보이지 않는 영의 힘을 물질계로 끌어오는 마법이 발달해 있다. 미라 또한 신을 지상에 붙잡아두는 행위 중 하나이다.

이집트 종교는 일반평민의 출입을 철저히 통제하며 지배계층을 위한 종교로서 프리메이슨 또한 이집트 종교를 신봉한다.

(환국의 무덤과 이집트 무덤의 차이는 환국은 미라를 만들지 않고 이집트는 미라를 만든다는 점이다. 미라를 만든다는 것은 백[魄]의 형태를 유지하여 영을 지상에 붙잡아 두기 의함이다.)

이집트 종교는 이중종교를 가지고 있다. 사제나 신관 등 상위계층을 위한 종교와 일반평민과 하층민을 통솔하는 종교를 구분한다.

일반 평민이나 하층민의 경우는 미신 등을 믿도록 하고, 상위계층은 헤르메스(Hermes)즉 그 그노시스(gnosis)적인 가르침, 즉 자연의 이치를 일깨우는 마법과 깨달음을 알려준다.

프리메이슨에는 이러한 이집트 종교가 잘 드러나 있으며, 3단계로 나뉜다. 맨 하위단계는 그리스도교, 중간단계는 바알교(치우), 그리고 상위단계는 오시리스(환웅)가 있다.

아멘의 대사제단 그리스로 이동하다

람세스 왕조 때부터 권력을 획득한 아멘 대사제단은 왕 못지않은 권력을 쥐게 되었으며, 20왕조[92] 말기부터는 실질적인 이집트 통치에 들어갔다.

---

92 신왕국 중간기

당시의 사제단은 전 이집트 신전 관련 토지의 2/3, 선박 90%, 수공업 80%를 소유하고 있었다. 이들 아멘 사제단에서 부를 소유한 이들은 페르시아 지배기에 접어들기 전, 이집트를 떠나 해상세력의 판권을 가지고 아테네 등으로 이주하였다. 그리고 그리스 부근에 제2의 테베를 형성하였다.

이들 아멘 대사제단은 초기 아테네의 사제이자 통치자로 등장하였으며, 그리스에 문명을 전달하였다. 아멘 대사제단이 옮겨온 이후부터 그리스는 철학의 도시로서 급격한 성장을 하게 된다.

- **그리스의 개화**

이집트의 제의는 그리스 신전에 그대로 적용되었다. 이집트의 제의식에 아틀란티스적인 과학적 사고가 보태지면서 그리스는 점점 의식적으로 개화하게 된다. 이 시기에 고대 아틀란티스의 '토트[93]'가 그리스의 '헤르메스'로 다시 태어난다.

---

93 인간의 몸에 따오기의 머리를 지닌 이집트의 신. 지혜의 신으로 문자를 쓸 수 있어서 신들의 세계에서 서기의 역할을 담당했다.

아멘신의 아들 '알렉산더 대왕'

페르시아 정복을 그린 모자이크에 묘사된 알렉산더 대왕

알렉산더 대왕은 자신이 아멘신(아몬신)의 아들이라는 믿음을 가지고 있었다. 모계로 연결되어 이집트 피가 흐르고 있었기 때문이다. 마케도니아의 이집트 점령 후, 많은 그리스-이집트계의 학자들은 이집트로 유학하거나 귀환하기 시작했다. 또한, 알렉산더 대왕은 사후에 이집트 땅에 묻혔다.

이집트에서 마케도니아 출신인 프톨레마이오스 왕조[94]가 이집트 문화를 보존하면서 200여 년간을 지배한 것은 그만큼 이집트와 그리스 간의 오랜 연결 때문이었다. 이집트 사제단의 피가 흐르는 그리스 철학

---

94 이집트를 장악한 마케도니아의 사령관 중 하나였던 프톨레마이오스 1세(기원전 323~283년, 별칭은 소테르 Soter)로부터 기원한다. 프톨레마이오스는 원래 알렉산드로스의 친구 중의 한 명이었다.

자들은 그들 조상의 고향인 이집트로 되돌아와 왔고, 이집트의 지식보고인 알렉산드리아 도서관[95]을 건립한다.

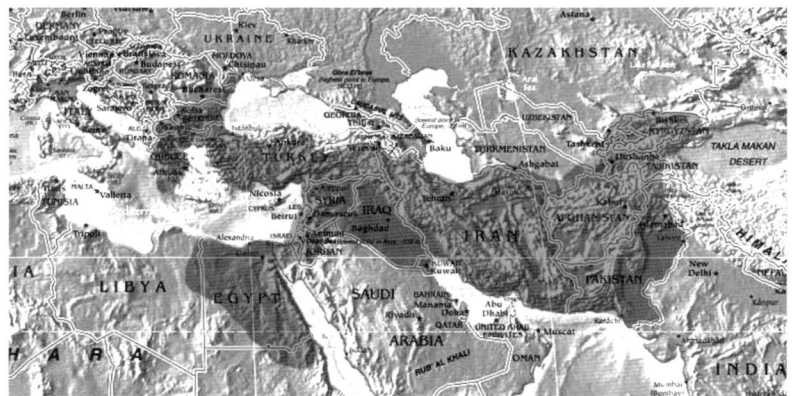

마케도니아 최대 영토

---

95 기원전 220년에 알렉산드리아 지역에 세워진 세계 최고의 도서관이다. 헬레니즘 문화 개화에 가장 큰 역할을 하였으며, 그 당시 최고의 지식 보고였다.

Chapter 06

빛은 동방에서

서양의 정신문명을 이끄는 비밀단체의 기원을 찾아 들어가면
모든 비의(秘意)나 지식들은 모두 동방에서 비롯되었음을 알 수가 있다.
문명은 돌고 돌아 우리의 발자취가 서양으로 흘러들어 갔고
또 서양으로부터 역수입되어 들어오고 있다.

01 장미십자회와 일루미나티 [빛은 동방에서]

세상에 드러난 비밀조직

유럽이 눈을 뜬 시기는 르네상스였다. 르네상스를 통해 서양은 동양의 신비주의, 연금술, 이슬람문명 등을 받아들이게 되었고, 이는 르네상스를 이끈 메디치가의 후원이 있었기에 가능한 일이었다.

〈동방박사와 메디치가〉
메디치가는 14~17세기 300년 동안 유럽의 최대부호

유럽의 철옹성이었던 로마가톨릭은 이교도들[96]을 철저히 탄압하였고, 가톨릭에 반대하는 움직임 속에서 비밀조직들이 탄생하게 되었다.

프리메이슨, 일루미나티, 장미십자회, 황금여명회 등의 비밀조직들이 연합할 수 있었던 것은 가톨릭이라는 공공의 적이 있었기 때문에 가능한 일이었다. 이들은 모두 가톨릭에 반하는 종교개혁을 원했기 때문에 Win-Win 할 수가 있었다. 종교개혁을 통해 프로테스탄트(개신교)가 유럽의 패권을 잡으면서 유럽은 새로운 권력의 흐름이 이어졌다.

서양의 정신문명을 이끈 비밀조직으로는 프리메이슨과 일루미나티 그리고 장미십자회가 대표적이다. 이들 비밀조직의 특징은 이들이 세상에 나온 시점이 이들이 설립된 시점이 아니라, 표면으로 알려진 시점이며, 이들 조직의 기원은 훨씬 이전으로 거슬러 올라간다. 비밀조직은 17~18세기가 되어서야 세상에 드러났다.

영계조직 프리메인슨

치우천왕의 부활 1권에서 언급했던 프리메이슨(freemason)과 프리메인슨(freemainson)의 구분을 살펴보면, 프리메이슨은 물질계의 비밀조직이고, 프리메인슨은 비물질계 즉 영계의 비밀조직이다.

또한 프리메이슨은 템플기사단으로부터 시작된 조직이나 프리메인슨은 오천 년 이상 된 정신계의 핵심으로 예언을 실현하는 그룹이다. 프

---

96 가톨릭을 믿지 않는 종교단체들

리메인슨에 의해 프리메이슨이 움직이는 구조이다.

프리메인슨이라는 커다란 원안에 프리메이슨이라는 작은 원이 물질 차원에서 만들어지고, 이들 프리메이슨 안에 일루미나티가 결합되어 있으며, 일루미나티는 영계와 물질계에 걸쳐져 있다.

반면 장미십자회의 경우도 비슷한 듯 보이지만 약간씩의 차이점을 보인다. 장미십자회의 발단을 살펴보면 이슬람문명의 영향을 깊게 받았음을 볼 수 있다. 여기에서 이슬람문명은 동방문명과 서양문명이 혼합된 다리 역할자로서 동방의 문명을 서방에 전달하는 역할을 하였다.

'빛은 동방에서'라는 이야기가 있듯이, 서양문명의 근원 또한 동방에서 비롯되었음을 알 수가 있다.

장미십자회와 다마스쿠스

1623년 프랑스 파리의 한 대자보에 아래와 같은 내용이 게재되었다. 이것이 장미십자회가 세상에 처음 나타난 내용이다.

> "장미십자회 본부 대표들인 우리는 정의로운 사람들이 숭배하는 지고한 존재의 은혜 덕분에 이 도시 안에서 보이게 그리고 보이지 않게 존재하고 있다. 우리는 가고자 하는 나라들의 모든 언어를 구사하는 방법과 사람들을 오류 및 죽음으로부터 구제하는 방법을 보여주고 가르치되 책이나 기호를 이용하지 않는다."

장미십자회의 설립자로는 크리스첸 로젠크로이츠(1378~1484)를 꼽는다. 크리스첸 로젠크로이츠는 성지순례 도중, 몸이 아파서 다마스쿠스**97**에 머물게 되었다. 우연히 그곳 다마스쿠스 현자들을 만나게 되면서 새로운 비의(秘意)지식들을 접하게 되었다.

다마스쿠스는 지금의 시리아지역으로, 이집트와 메소포타미아의 중심점에 위치해 있으며, 동방과 서방을 잇는 중요핵심지역이다. 이 다마스쿠스의 현자들의 영향을 받아 장미십자회가 설립되었다. 다마스쿠스는 과거 이슬람 학자들의 수련장이었다.

다마스쿠스는 13세기 몽골의 침입을 받은 지역으로, 아시안 문명이 대거 유입된 지역이다. 현재 시리아의 대외관계를 보면 북한과 단일 수교를 맺고 있는 국가 중 하나로, 북한은 시리아, 이란, 리비아 등 이슬람 국가와의 연대를 가지고 있다.

이슬람의 테러리스트적인 과격성은 종전 후 20세기에 만들어졌으며, 과거의 이슬람인들은 지금처럼 파괴적이지 않았다. 파괴적인 성향의 시초는 우매한 '그리스도교 반달리즘'으로부터 비롯되었으며, 근대에는 서양언론에 의해 이슬람의 파괴성이 더욱 부각되었다.

---

97 시리아 수도로, 기원전부터 오리엔트의 정치·문화의 중심지를 이루었고, 7세기 후반부터는 이슬람의 정치·문화의 중심지를 이루었다.

장미십자회의 가르침은 아랍 신비주의로부터 시작되다

이븐 알 아라비(1166~1240)

다마스커스의 현자들은 주로 수피 탁발승들이다. 대표적인 인물로는 이슬람 철학자 이븐 알 아라비(1165~1240)가 있다.

이븐 알 아라비는 유명한 아랍 부족인 타이족 출신으로, 스페인에서 태어나 수많은 신비주의와 관련된 서적들을 발간했다. 또한, 수피주의[98]의 성인으로 알려져 있다.

이들 수피즘이 잘 인용하는 상징 중에 '장미'가 있다. 또한, 헤르메스 관련 서적들은 대부분 아랍어로 써졌으며, 스페인에서 발견되었다고 하는 것을 보면 스페인에 들어온 이슬람문명 때문이기도 하다.

이슬람교는 크게 수니파[99], 시아파[100], 수피파가 있다. 수피파의 경우 신비주의 사상과 철학에 바탕을 둔 도가적인 사상이다. 동양사상과 잘 맞아 떨어지기에 동방 쪽의 투르크메니스탄, 카자흐스탄, 우즈베키스탄, 키르기스스탄 등 아시아 쪽에서 활발하게 발달하였다. 동양의 탁발승이 서양에 전해져 서양의 수도사들이 금욕과 절제 등 수도사의 조직을 이루는데 영향을 미쳤을 것으로 보고 있다.

---

98 이슬람 신비주의

99 이슬람 정통파

100 이슬람 분파. 무함마드 사후, 사위인 알리 혈통을 지도자로 내세움.

장미십자회는 장미를 상징하는 막달라 마리아 사상과 더불어 깨달음에 이르는 방식으로 동방의 신비주의와 연금술을 받아들인 그노시스적인 성격을 가지고 있는 단체였다.

장미십자회의 비밀 기호를 발표, 1785

일루미나티의 후원자는?

댄 브라운의 저서 [천사와 악마] 중에 일루미나티에 대한 이야기가 나와 있는데 다음과 같다.

> 16세기에 이르러 로마의 한 단체가 교회에 맞서게 된다. 당시 이탈리아에서 가장 뛰어난 지성을 갖춘 물리학자, 수학자, 천문학자들이 비밀리에 회합을 하고, 교회가 그릇된 가르침을 전파하는 것을 우려해 세계 최초의 과학자 집단을 만들고 스스로를 '계몽된 사람들'이라고 불렀다. 이것이 일루미나티이다. 〈천사와 악마 중에서〉

일루미나티는 1776년 독일의 아담 바이스하우프트[101]부터 설립되었다고 하지만 그것은 일루미나티가 세상에 드러난 시기이며, 일루미나티는 처음 이탈리아 메디치가의 플라톤 아카데미로부터 시작된 것으로 본다.

프로테스탄트(신고)가 유럽을 장악하면서 메디치가는 붕괴되었고, 메디치가는 1737년 안나 마리아 루이사 데 메디치[102]로 끝이 났다. 따라서 메디치가가 후원하던 플라톤 아카데미는 자신들을 후원할 단체들을 찾기 시작했고, 이들은 프리메이슨 엘리트와 연대를 하면서 새로운 조직으로 변형되어 세상에 드러나게 된다. 당시 프리메이슨은 유럽의 왕실과 연결되어 있었기 때문에 일루미나티는 프리메이슨과의 연대를 통해서 후원을 받게 되었다.

그러나 일루미나티가 1785년 해체된 뒤, 일부 일루미나티와 로스차일드가 연대하면서 기존의 계몽된 자들과는 다른 길을 걷게 된다. 일루미나티의 과학과 이성적 사고는 고대 아눈나키적 사고와 맞아 떨어지며, 고대 우르의 길가메시 후예들과의 조우를 통해서 이들은 '신세계질서'의 이념을 확립하고자 하였다.

(일루미나티 회원이었던 벤자민 폴보트에 의하면 로스차일드가는 자신들을 니므롯[길가메시의 다른 이름]의 후예라그 한다.)

101　독일 종교철학자로, 1776년 일루미나티 조직을 창설한 것으로 알려져 있다. 부모는 모두 유대인으로 알려졌다.
102　(1667년~1743년)는 메디치 가문의 마지막 직계후손. 토스카나 대공 크시모 3세의 딸이다.

결국, 서양의 정신문명을 이끄는 비밀단체의 기원을 찾아 들어가면 모든 비의(秘意)나 지식은 모두 동방에서 비롯되었음을 알 수가 있다.

프리메이슨은 이집트 종교를, 장미십자회는 이슬람 수피즘을, 일루미나티는 바빌론에 모태를 두고 있다. 거슬러 올라가면 이집트 종교, 이슬람 종교, 바빌론 종교의 기본토대는 환웅의 발자취로부터 찾을 수가 있다.

02 이슬람 그리고 문명의 흔적

문명에 대한 편견과 오해

서양문명이 세계를 좌지우지하게 되면서, 그들이 19~20세기에 구축해 놓은 역사 관념은 인종에 대한 편견을 갖게 만들었다. 우리의 의식은 서양이 만들어 놓은 물질관념의 정복 역사서를 가지고 세상을 바라보게 되었다. 이러한 문명에 대한 편견은 인종 간의 오해를 불러일으키기도 한다. 그 중의 좋은 예가 '이슬람 국가'에 대한 편견이다.

서양의 정신문명을 촉발시킨 르네상스는 십자군전쟁을 치르면서 이슬람 문명(특히 수피즘)을 접한 수도사들에 의해 시작되었다.

문명은 돌고 돌아 우리의 발자취가 서양으로 흘러들어 갔고, 또 서양으로부터 역수입되어 들어오고 있다. 그만큼 자기 집 앞의 돌이 매번 보는 그냥 돌일지라도, 이 돌이 서양을 돌고 돌아 포장이 되어 우리 앞에 나타나면 대단한 보물인양 되어버리는 경향이 있다.

우리 민족이 원래 지니고 있던 삶 속의 철학들은 이미 체화되고 생활화되어 당연하다고 생각할 때, 서양은 모든 것들을 물질화시키고 체계화시켜 자기들 것으로 만들어 나갔다.

생각은 생각으로 끝이 난다. 물질화를 시키는 사람은 보이지 않는 무형의 것들을 자기 것으로 만들어 나간다.

동방과 서방을 잇는 다리 – 이슬람 종교

동방의 문명을 서방으로 전달하는 다리역할은 이슬람문명을 통해서였다. 아라비아상인, 페르시아상인, 소그드상인 등 서아시아와 중앙아시아의 상인들을 통해서 동방의 문명이 전달되었다. 현재에 이들은 대부분 이슬람 종교를 믿고 있다.

이슬람 종교는 크게 수니파, 시아파, 수피파로 나누어진다. 간단히 이야기하면 수니파는 아라비아사람들이 대다수 믿고 있고, 시아파는 페르시아사람들이 믿고 있다.

AD 632년 마호메트가 후계자를 지명하지 않고 갑자기 죽는 바람에 파가 갈라졌다. 즉 마호메트의 직계가 후계자가 되느냐, 아니면 마호메트가 속한 쿠라이시 부족에서 후계자가 나오느냐에 따라 파가 갈라진다. 마호메트의 친구중심으로 이루어진 칼리프(지도자)중심이 '수니파'이고, 마호메트의 사위인 알리에 의해 이어진 파가 '시아파'이다.

시아파의 지도자는 '이맘'이라고 한다. 또한, 시아파에서 나온 신비주의 철학사상이 '수피즘'이다. (사람이 죽을 때 유산분배 또는 후계자 등을 명

확히 하고 죽어야 뒤탈이 없는데 갑작스러운 죽음은 조직의 내분을 가져오기 마련이다. 그리고 보면 고대인들이 살아서 죽음을 준비했고, 죽어서 순장을 했던 이유가 이런 뒤탈을 막기 위해서 생겼던 것은 아닐까 한다.)

아라비아 상인과 페르시아 상인, 소그드인(중앙아시아 상인)들은 중세시대 때 동서를 오가며 문명을 전달한 이들이며, 이슬람문명은 11세기경 최대의 황금기를 맞이하게 된다. 과학, 수학, 건축 등이 이때 꽃을 피웠으며, 이러한 문명이 서양에 전달되면서 서양이 눈을 뜨게 된 것이다.

고대문명의 혈 자리 <이란, 이라크>

미국과의 전쟁위험 손에 있는 두 나라 이란. 이라크는 이슬람 국가이다. 석유가 많이 나는 나라이기도 하지만 이 지역은 아시아로 통하는 중요 지정학적 위치에 있는 지역이며, 고대로부터 중요한 혈 자리였다.

미국이 중동국가와 전쟁을 벌이는 이유는 석유값을 상승시켜 달러의 가치를 높이기 위한 일종의 화폐장사 때문이기도 하지만, 이들 국가를 테러리스트로 만들어 이미지 타격을 입히면서 동시에 달러도 벌어들이는 일석이조의 효과를 가지고 있다.
이러한 서방 언론플레이에 우리는 세뇌되어 이란, 이라크, 팔레스타인, 아프가니스탄과 같은 국가들을 과격한 테러리스트로 인식한다는 점이다.

고대에 이란은 페르시아문명을, 이라크는 수메르, 바빌론문명을 가지고 있고, 5000년 이상 된 고대국가들이다. 이들 나라들은 찬란한 문명과 역사를 가지고 있던 고대 핵심국가였다. 지금은 숱한 전쟁으로 말미암아 황폐화되었고 사막화가 되었으며, 고대의 문명의 흔적은 부서지고 무너져 버렸다.

(연금술적인 성질로 살펴볼 때 남성은 불, 여성은 물의 성질을 가지고 있는데 사막화가 된 나라들은 남성성이 강하다. 그만큼 불기운이 강하다는 이야기이다.)

'우상숭배를 하지 말라'는 교리를 가지고 있는 기독교와 이슬람교는 수많은 고대 유적들을 부수고 신전을 파괴하였다. 기독교와 이슬람은 모두 아브라함의 뿌리에서 나왔으며, 이삭의 자손이냐, 이스마엘의 자손이냐의 차이점이 있다. 또한, 기독교, 유대교, 이슬람교 모두 유일신 사상을 가지고 있다는 점이 공통점이며, 신에 대한 복종코드를 가지고 있는 점도 공통점 중 하나이다.

이라크 〈수메르, 바빌론, 아시리아문명〉

이라크지역은 BC 3000년부터 BC 600년 페르시아에 복속될 때까지 수메르, 바빌론, 아시리아 문명이 흥망성쇠를 이뤘다.

BC 600년경 중동의 지도
이란지역은 메디아, 페르시아, 박트리아가 있고 이들 도두 아리안족이다.(밝은색)
이라크 지역은 바빌론, 아시리아, 시리아가 있다.(진한색)

그중에서 대표적인 바빌론문명은 구 바빌론과 신 바빌론으로 나눌 수 있다. 아눈나키 신들이 들어온 시점은 수메르 우르왕조부터이며, 우르 3왕조가 끝나고 바빌론왕조가 들어서는데 아라비아계에서 온 아모리인들이 구 바빌론을 세운다.

이들은 신(Shin)이라는 달의 신을 숭배한다. 중동지역의 달 숭배사상은 국기에도 영향을 주어 이슬람 국가의 국기를 살펴보면 달과 별이 들어가 있다.

구 바빌론의 북쪽이 멸망하면서 아시리아 문명이 들어섰다. 아시리아인은 자신들의 조상을 메디아인이라고 한다. 메디아인은 북쪽에서 온 아리안일파이다.

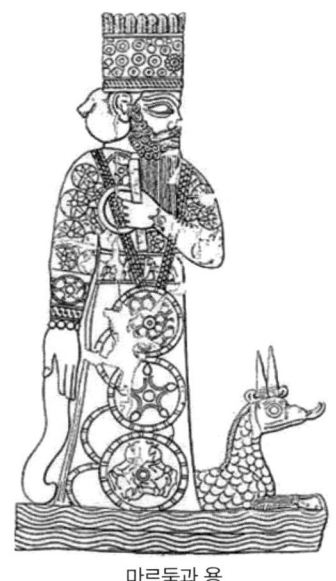
마르둑과 용

신 바빌론은 갈데아 우르인들이 세력을 잡았다. 이들은 마르둑[103] 신을 섬긴다. 마르둑은 고대 길가메시가 받아들인 아눈나키신이며, 강력한 남성 중심의 신으로 이슬람의 유일신 알라를 받아들이는 데 무리가 없었다.

마르둑은 고대 수메르의 인안나의 주권을 가져간 니비루 아눈나키 신으로 지구여신 대신에 왕권을 내려주는 신이 되었다.

이란 〈페르시아 제국〉

고대 이란은 엘람으로부터 시작된다. 엘람이란 '높은 곳' 또는 '숨겨진 곳'이란 뜻이기도 하다. 엘람의 수도는 안샨과 수사이며 아케메네스왕조 (BC 559~BC 330)를 연 키루스[104] 대왕은 안샨의 왕이었다.

페르시아는 페르샤인과 메데인으로 나뉘어진다. 초창기에는 메디아

---

103 고대 바빌로니아 신으로, 태양의 아들이라는 뜻이다.
104 페르시아 제국의 건설자. 메디아를 멸망시키고 리디아, 박트리아, 바빌로니아 등을 함락시켜 이집트를 제외한 오리엔트 전체를 지배한 정복 군주.

왕국이 더 번창했으나, 키루스 대왕 때 페르샤인 키루스 대왕이 메디아 왕국을 점령하였는데, 키루스 대왕의 모계가 메디아인이었다.

키루스 대왕이 아케메네스왕조**105**를 열면서 페르시아는 대제국으로 성장하였으며, 국교로는 조로아스터교를 들여오게 된다.

엘람의 유물 (염소 물고기)
물고기 돋에 뿔 달린 염소 이것이 바로 '鮮'자의 상징표시이다.
(鮮 = 魚 + 羊)

페르시아문명은 스키타이와 그리스, 바빌론문명이 혼합되었으며, 1258년 아랍의 지배를 벗어나 몽고와 티무르의 지배를 받기도 하였기 때문에 서방문명과 동방문명이 혼합되어 페르시아만의 색채를 띠게 되었다.

이란 여성들이 베일을 쓰게 된 것은 30년 정도밖에 안 된다. 1970년대만 하더라도 이란은 서방국가와 맞먹을 만큼 발전되고 개방되었으나

---

105 아케메네스 제국을 세우고, BC 559년부터 BC 330년까지 229년간 통치한 이란의 고대 왕조

왕정국가를 무너뜨리고 중동전쟁을 기획하던 서구자본가의 세계기획자들은 이란 왕족 대신에 호메이니[106]를 선택했다.

즉 호메이니를 통해 종교적 내란을 일으켜 팔라비 왕조[107]를 붕괴시키고, 이란, 이라크전쟁을 유도하기 위함이었다. 1979년 호메이니는 혁명지도자로 집권하면서 이란은 이슬람 공화국이 되었으며, 이때부터 호메이니는 여성들에게 베일을 씌웠다.

팔라비 왕조는 성직자의 토지를 줄이고 여성해방 정책을 폈으며, 대대적인 토지개혁을 실시하려 하였으나 종교계의 반발을 샀다. 팔라비 왕조는 하자르계 칸의 후손 중 하나이다.

호메이니의 외교정책은 팔라비 왕조의 친서방 정책을 완전히 포기하는 것과 미·소 초강대국에 대해 확실한 적대적 태도를 확립하는 것이었다. 이것이 바로 세계기획자들이 원하는 내용이다. 왜냐하면, 그들에게는 중동과의 석유전쟁이 필요했기 때문이다.

서구자본가의 세계기획은 국가 내분을 조장하는데, 좌파가 잡으면 우파를, 우파가 잡으면 좌파를 재정적으로 지원하면서 힘을 실어주고 자신들의 꼭두각시 지도자를 세우려 한다는 점이다.

---

[106] 이란의 종교, 정치지도자로 팔레비 왕조의 '백색혁명'을 반대하다가 터키로 망명하였으며 그곳에서 이란 혁명을 주도하였다. 왕정을 부정하고 서구화 정책을 반대하였다. 이란으로 귀환 후, 이란이슬람공화국을 성립시키고, 이맘(imamn:敎主)의 칭호를 받았으며 최고지도자로 이란을 통치하였다.

[107] 카자르 왕조를 무너뜨리고 레자 샤(1878~1944)가 세운 이란의 왕조(1925~1979)

1970년대에 대대적으로 나라마다 인물을 선정하여 재정적으로 지원하였는데, 우리나라의 경우 호메이니와 같은 대표적인 인물로 김대중이 있었다. 호메이니, 김대중 등은 세계 기획자들에 의해 만들어진 인물들이다. 이들은 모두 1970년대에 본격적으로 정치권으로 들어왔으며, 영국, 프랑스 등의 보호와 지원을 받았다. 그리고 이들에게는 혁명지도자라는 타이틀이 붙는다.

팔라비 왕조(이란의 마지막 군주)
레자 칸의 장남 모하마드 레자 샤 팔라비

Chapter 07
치우천왕과 아수라 백작

치우천왕은 하늘의 불을 가지고 지구에 정착하여 하늘 황소라 불렸다.
치우천왕은 하늘 사람이지만 땅의 정령을 대표하는 지구의 수호신이 되어
아수라 백작으로부터 지구여신을 보호하였다.

01 아리안의 전쟁 [조로아스터교와 힌두교]

환웅의 상징 卍과 ㅂ

아리안족의 발생지 코카서스 지역은 흑해와 카스피해를 사이에 두고, 카프카스산맥 너머 북두칠성을 머리에 이고 있는 북쪽이다. 이 지역은 스키타이, 흉/훈의 주요무대였다. 환웅이 동과 서를 나눌 때, 환웅이 떠난 자리에 남아있던 환웅의 후손들은 다시 남과 북으로 나뉘었다. 즉 환웅을 중심으르 사방십자가로 퍼졌다.

아리안은 두 분파로 나뉘었는데, 卍과 卐으로 나뉘었다. 이는 동전의 앞뒷면처럼 뒷면은 卍, 앞면은 卐이 된다.

卍은 안으로 수렴하는 음의 성질이고, 卐는 밖으로 확장하는 양의 성질이다. 卍과 卐 모두 환웅의 상징이며, 거울에 비친 모습이고, 안과 밖이다. 사제계급은 卍의 표시를 가지고 이동하여 인도로 들어갔고, 무사계급은 卐의 표시를 가지고 페르시아지역으로 들어갔다.

훗날 페르시아의 아케메네스 왕조는 조로아스터교를 국교로 받아들였다. 19세기 조로아스터를 다룬 니체의 대표적인 저서 『짜라투스트라는 이렇게 말했다』는 히틀러의 정신적 배경이 되었다. 히틀러는 아리안의 상징인 卐문양을 나치의 상징으로 삼았다. 원래 아리안은 금발벽안[108]의 게르만족이 아니었다. 이는 히틀러가 무사계급 아리안의 이념을 끌어 당겨온 것일 뿐이다. (조로아스터의 독일어 발음은 '짜라투스트라'이다.)

---

108 금발 머리에 푸른 눈

브라만(사제계급)과 크샤트리아(무사계급)의 전쟁

브라만은 사제계급이고, 크샤트리아는 왕족/무사 계급이다. 단군 때만 해도 제정일치의 시대로 사제가 곧 왕이었으나, 사제와 왕이 분리되면서 사제계급과 왕족/무사 계급 간의 치열한 전쟁을 벌이게 된다.

이 두 계급 간의 전쟁이 브라만과 크샤트리아의 전쟁이었다. 전쟁 이후 브라만과 크샤트리아는 협정에 들어간다. 즉 정치와 종교의 분리이다.

브라만 계급은 인도로 들어가 카스트제도를 만들어 브라만 중심의 계급사회를 만들었고, 크샤트리아계는 강력한 왕권을 위해 유일신 개념을 들여오게 되었다. 크샤트리아에서 끌어온 종교는 태양신 사상이었으며, 훗날 불을 숭상하는 조로아스터교로 탄생되었고, 브라만으로부터 힌두교가 탄생된다.

천제를 지내는 사제, 샤먼 계급은 별자리이동에 따라 해가 뜨는 동쪽으로 점점 이동하기 시작했다. 환인과 환웅의 뜻을 따르던 사제, 샤먼 집단이 모두 한반도로 들어온 이유이기도 하다.

아리안의 상징	卍	卐
계급	사제계급-브라만	왕족/무사계급-크샤트리아
종교	힌두교	조로아스터교
후대에 영향을 미친 종교	불교	그리스도교, 이슬람교

조로아스터교와 힌두교

조로아스터교[109]는 배화교(拜火敎)로 불을 숭배한다. 조로아스터교는 페르시아 아케메네스 왕조의 국교로 채택되었으며, '아후라마즈다(선과 악을 동시에 포함하는 신)'라는 유일신을 섬긴다. 반면 힌두교는 인도의 다신교로, 자연 만물숭배와 더불어 신비주의적 성향을 띠고 있다.

조로아스터교와 힌두교는 서로 반대의 개념을 가지고 있다. 조로아스터교가 섬기는 '아수라(이란어: 아후라)'는 힌두교에서 귀신 수장 혹은 악의 신으로 여겼다. 반면에 힌두교는 신들을 '데바'라고 하는데, 조로아스터교에서는 악의 정령을 데몬, 데바라 한다. 서로 정반대의 개념을 가지고 있으며, 조로아스터교는 그리스도 사상에 영향을 끼쳤고, 힌두교는 불교에 영향을 끼쳤다.

조로아스터교의 아베스타 경전[110]은 선의 신과 악의 신의 전쟁을 이야기한다. 이것은 오늘날 기독교와 불교의 충돌로 이어진다. 히틀러가 아리안을 외치면서 조로아스터교를 끌어온 것은 우연이 아니다.

---

109 조로아스터가 이란 북동부에서 제창한 종교. 그 주신 아후라 마즈다의 이름을 따서 〈마즈다교〉, 의례의 특질에 의해서 〈배화교〉라고도 한다. 7세기 전반까지 이란 국교의 지위를 차지하였으며, 성전은 아베스타라고 한다. 성전의 언어인 아베스타어로 조로아스터는 자라투슈트라(Zarathushtra)에 가까운 발음이었다고 추정되며, 그 성직자 계급을 마구 또는 마기라 불렀다.
110 아베스타는 아리안들의 가장 오래된 경전이다. 고대 이란인들과 조로아스터 인들의 경전으로 5장으로 구성되어있다.

조로아스터교는 그리스도교와 이슬람교에 영향을 끼쳤다. 천지 창조, 천국과 지옥개념, 메시아의 출현, 최후의 날과 마지막 심판 등의 개념은 그리스도교사상과 똑같다. 또한, 조로아스터교에서 하루에 5번씩 기도하는 습관이 있는데, 이러한 관습은 이슬람 종교에서 그대로 실행하고 있다.

조로아스터는 영계의 차원 간 주재신과의 교감을 통해 영계의 시스템 구조를 전달한 계시저로 알려졌으며, 훗날 그노시스와 그리스도 사상에 많은 영향을 끼쳤다.

02 아후라마즈다와 하늘황소

아후라마즈다의 탈을 쓴 '아수라백작'

조로아스터교와 힌두교는 모두 환웅의 후예인 아리안으로부터 분파된 음양의 종교이다. 조로아스터교의 최고의 신인 아후라마즈다는 빛과 어둠의 신이며, 아후라마즈다로부터 쌍둥이 영이 나오는데, 스펜타 마이뉴(선의 신)와 앙그라 마이뉴(악의 신)가 나왔다.

('아후라마즈다'라는 의미가 왜곡되어 본래의 아후라마즈다는 원[原] 아후라마즈다라고 표기하고, 사칭한 천사장 아후라마즈다는 아수라 백작으로 표기한다.)

우주로 확장하면 환인이 원(原) 아후라마즈다가 되고, 환웅이 스펜타 마이뉴(빛의 신)가 되며, 루시퍼가 앙그라 마이뉴(어둠의 신)가 된다. 환웅과 루시퍼가 지구로 들어오면, 둘 다 아후라마즈다가 된다. 즉 진짜와 가짜로 등장한다. 그래서 환웅은 환인의 씨를 잇는 원(原) 아후라마즈다가 되고, 루시퍼는 대천사장인 아수라 백작이 된다. 루시퍼는 반역천사들의 수장이다. 루시퍼가 지구에 들어왔다는 것은 지구에 카르마가 입식이 되었다는 뜻이다.

북두칠성의 미카엘 – 환웅

중심태양에 가까울수록 광명을 많이 받는다. 따라서 우리 우주의 중심인 북극성에 가까운 북두칠성이 광명에 가깝고, 북극성으로부터 먼 별들은 빛을 덜 받는다. 그래서 우리 우주의 중심인 북극성이 아후라마즈다가 되고, 오른편의 북두칠성이 스펜타 마이뉴(빛의 신)가 된다. 우주의 아후라마즈다는 빛과 어둠을 모두 품고 있는 신이 되고, 아후라마즈다의 원신인 아브락삭스[111]는 우주로 날아간다. 이는 무한히 반복된다.

북두칠성을 대표하는 환웅이 우주의 미카엘이고, 그 외 시리우스, 플레이아데스, 오리온, 니비루의 채널들은 가브리엘과 다른 천사장을 통해서 지구로 들어온다.

지구에서 하늘의 계시를 받았다는 예언자들은 모두 천사장의 채널을 받았는데, 주요 종교의 채널러로는 모세, 조로아스터, 마호메트가 있다. 조로아스터의 경우 6명의 천사에게 채널을 받았으며, 조로아스터의 예언은 후대에 기독교와 유대교, 이슬람교의 모태가 되었다.

아수라와 연관된 천사장(시리우스, 플레이아데스, 오리온 등)들은 주로 채널(접신)을 통해 접속하며, 북두칠성은 채널이 아니라 통찰과 직관을 사용한다. 또한, 어둠의 천사장들은 사랑과 연민 코드로 접속하여 지

---

[111] 헤르만 헤세의 소설 《데미안》에는 아래와 같이 아브락삭스 신이 등장한다. "새는 알에서 나와 자신의 길을 가기 위해 싸운다. 알은 세상이다. 태어나려는 자는 세상을 깨뜨려야만 한다. 새는 신에게로 날아오른다. 이 신의 이름은 아브락삭스다." -막스 데미안-

구인의 생기 즉 불사의 약인 '암르타[112]'를 흡입한다. 어둠의 천사장들은 주로 종교단체에서 가장 많이 활동한다. 왜냐하면 암르타를 쉽게 얻을 수 있기 때문이다.

하늘 황소(치우천왕)의 부활

환인이 지구에 우주 카르마를 들어올 수 있도록 허락한 다음부터 태양신이 등장한다. 태양신은 아수라 백작에 의해 세팅된 '미트라[113](태양신)'이다. 어둠의 신은 빛의 신을 모방한다. 그래서 루시퍼도 가장 빛나는 별처럼 아름다웠다고 하는 것이다. 환웅의 아들 단군이 하늘의 아들로 등장할 때, 아수라 백작은 태양의 아들 미트라를 내세우게 된다.

치우천왕은 하늘의 환웅이 완전히 땅에 정착하여 지구의 왕으로 등장했으므로, 땅의 정령들을 대표하는 하늘 황소라 불렸다. 이렇게 치우천왕은 하늘 사람이지만 땅의 정령을 대표하는 지구의 수호신이 되어 아수라 백작으로부터 지구여신을 보호하였다.

따라서 치우 시대가 가고 단군이 등장할 무렵, 아수라의 핵심인물인 미트라가 등장을 하는데, 미트라는 황소를 희생시켜 제물로 삼는다.

---

112 힌두 신화에 따르면, 아수라와 데바들은 불사의 영약인 '암르타'를 추출하기 위해 함께 우유로 된 바다를 휘저었다고 한다. 암르타를 손에 넣기 위해서 끊임없이 서로 싸우게 되었다.

113 고대 페르시아 신화에 나오는 신(神). 인류에게 모든 선한 것을 마련하여주고 지혜를 맡으며, 1,000개의 눈과 귀를 가졌다고 한다.

즉 지구의 수호자 하늘 황소(치우)의 보호막을 뚫어야 지구계로 입식할 수 있기 때문에 황소 희생제의가 탄생하게 된 것이다.

그리스도의 영향을 준 미트라의 부활코드는 미트라의 부활이 아니라, 바로 제물로 바쳐진 하늘 황소의 부활 즉 치우천왕의 부활이다.

새는 알에서 나오려고 싸운다. 알은 곧 세계이다.
태어나려고 하는 자는 세계를 파괴하지 않으면 안 된다.
그 새는 신을 향해 날아간다.
그 신의 이름은 '아브락삭스'라고 한다.

〈데미안 중에서〉

03 치우천왕과 아수라 백작

크샤트리아는 환웅을, 브라만은 환인을

환인과 환웅의 시대가 가고 단군시대가 열리면서 동과 서의 중심축인 중앙아시아 지역은 아리안 전쟁을 치르게 되었다. 이 전쟁이 바로 브라만과 크샤트리아의 전쟁이다. 제정일치의 시대가 점점 분리되어 가면서 왕과 사제가 나뉘게 되고, 이들 간의 전쟁은 아리안의 민족 대이동을 촉발시켰다.

왕족/무사 계급인 크샤트리아는 환웅의 기운 줄을 가져갔고, 사제/샤먼 계급인 브라만은 환인의 기운 줄을 가져갔다.

치우환웅에 의해 질서가 잡힌 동쪽보다 아틀란티스 유민들이 들어오는 통로인 서쪽에 강력한 질서가 필요했으므로, 무질서가 커질 때마다 크샤트리아가 서쪽을 쳤다. 한편 브라만 계급의 사제, 샤먼들은 질서가 잘 잡혀있어 수도하기에 좋은 동쪽으로 점점 이동하였다.

BC 15세기경부터 아리안이 본격적으로 확장하기 시작하면서 동과 서에 태양신 개념이 퍼지기 시작했다. 이때 유입된 신이 바로 가짜 아후라마즈다인 아수라 백작이었다.

환웅의 기운 줄을 간직한 이들은 소를 상징으로 삼았다. (동쪽으로 온 크샤트리아는 뿔 달린 용 상징을 쓴다.) 따라서 서쪽은 황소숭배 사상이 광범위하게 퍼져 있었고, 황소숭배 사상을 대체할 새로운 존재는 황소를 죽이고 새롭게 떠올라야만 했다. 그 자리에 아수라 백작인 미트라가 황소를 제물로 바치고 태양신으로 떠오르게 된다.

BC 14세기 아크나톤 이후부터 태양신 개념이 도입되면서 다신교인 이집트에 유일신 개념을 끌어오게 되었다. 모세도 이집트의 유일신 사상을 모방하면서 다신교로 분화되어있던 의식을 유일신 사상으로 통합하기 시작했다.

BC 6세기경, 아리안의 크샤트리아계에는 조로아스터가 등장했고, 브라만계에는 부처가 등장하였다. 조로아스터교는 환웅의 기운 줄이 들어오고, 브라만교는 환인의 기운 줄이 들어오게 된다. (페르시아에 조로아스터가 들어오면서 황소를 제물로 바치는 제의는 금지되었다.) 아리안 길을 따라서 환인, 환웅의 흔적을 가지고 한반도에 들어온 이들이 바로 스키타이/흉/훈의 '신타'였다.

못생긴 치우천왕과 잘생긴 아수라 백작

치우는 환웅이지만 땅에 완전히 뿌리박아 '하늘 황소'라 불린 정령들의 수호신이 되었다. 또한, 미트라는 하늘 황소를 제물로 삼고 신의 자리에 올랐다. 미트라는 아수라 백작114이다.

하늘 황소를 죽이는 미트라

미트라는 BC 1400년경 페르시아에 퍼졌는데, 미트라 사상은 고대 바빌론으로부터 비롯된다. 즉 바빌론의 주신인 마르둑의 변형이 미트라이다. 마르둑은 고대 바빌론 신이며, 길가메시 이후 들어온 니비루의 강력한 남성 신이다. 치우천왕을 대신할 질서의 신으로 등장한 아수라 백작이다.

[길가메시 서사시]에는 다음과 같은 내용이 있다.

길가메시에게 분노한 인안나 여신이 하늘 아버지에게 '하늘황소'를 내려달라고 부탁한다. '하늘 황소가 내려오자 지구는 흔들리기 시작했고, 이때 길가메시와 엔키두는 검으로 하늘 황소를 죽인 후, 심장을 꺼내어 태양신 샤마시에게 바친다.

---

114 본래의 아후라마즈다는 원(原)아후라마즈다라고 표기하고, 사칭한 천사장 아후 라마즈다는 아수라 백작으로 표기한다.

길가메시 서사시의 하늘 황소 이야기는 미트라가 하늘 황소를 제물로 바친 것과 동일하다. 여기에서 인안나는 지구여신으로 정령계이며 하늘 황소는 정령의 수호신이다.

한편 길가메시와 엔키두는 숲의 수호신인 훔바바도 죽이는데, 이는 [아수라와 데바[115]의 전쟁]이다.

길가메시와 엔키두가 지구여신인 인안나를 무시하고, 정령의 수호신인 하늘 황소와 숲의 수호신인 훔바바를 죽이는 이야기를 보면, 길가메시와 엔키두의 신인 아수라 백작(마르둑)은 지구여신을 철저히 파괴하면서 인간의 문명을 세우려 한다는 점을 엿볼 수 있다.

천사장인 아수라 백작은 지구 자연을 파괴하며 인간들에게 신으로 군림하려하는 반면, 치우는 원(原) 아후라마즈다인 환웅이지만 땅으로 완전히 뿌리내려 지구여신의 기름 부음을 받은 지구의 왕으로서, 지구여신과 정령을 보호하는 수호신이 되었다. 이것이 아수타 백작과 치우천왕과의 가장 큰 차이점이다.

아수라 백작은 잘생긴 천사장으로 표현된 루시퍼이고, 치우천왕은 귀신도 놀라서 도당간다는 무서운 도깨비 얼굴로 표현된다. 기독교는 두 뿔을 가지고 있는 치우를 '사탄'이라 하고, 천사의 모습을 한 루시퍼를 '하나님'이라 부른다.

---

115   자연정령

04 조로아스터교와 마니교 그리고 소그드인

동방박사는 조로아스터교의 현자 '마기'

조로아스터교의 사제들을 '마기(Magi)'라고 한다. 마기들은 '동방박사'로도 알려졌다. 예수 탄생 시, 별을 보고 찾아온 동방박사들이 바로 마기들이다. 마기(Magi)는 마법사, 현자 혹은 신분이 높은 순례자 등의 뜻을 가지고 있다. Magic이라는 말도 마기(Magi)로부터 나온 단어이다.

BC 5세기 안샨의 왕이었던 키루스가 페르시아의 왕이 된 뒤, 조로아스터교는 아케메네스왕조의 국교가 되었다.

조로아스터교는 서아시아 일대의 다신 주의를 일신교로 통합시키는 역할을 하였으며, 일신교를 통해서 강력한 왕권을 수립할 수가 있었다.

이슬람교가 들어오기 전까지 조로아스터교는 메디아, 페르시아, 박트리아, 인도일대로 퍼져 나갔으며, 훗날 마니교[116]에도 영향을 끼쳤다. 마니교는 다시 유럽의 카타리파[117]에 영향을 끼쳤다.

---

116 3세기에 페르시아 왕국에서 마니가 창시한 고유의 이원론적 종교로, 조로아스터교에서 파생되었다.
117 11세기 후반 불가리아 보고밀파에게 영향을 받은 소종파로 남유럽에서 유행하였다. 그러나 그리스도교 이단으로 분류되어 많은 카타리파 신자들이 십자군에의해 몰살당했다.

조로아스터교를 잇는 마니

조로아스터교와 마니 초상화

마니교의 마니(AD 216~277)는 바빌로니아인이다. 이 당시 사람들은 아담으로부터 시작하여 붓다, 조로아스터, 예수로 이어져 내려온 예언자들의 마지막 계승자를 '마니'라고 생각했다.

마니교는 페르시아 일대에서 시작되었으나, 이슬람교의 확장과 박해로 인해 10세기경 마니교의 지도자 자리는 사마르칸트(지금의 우즈베키스탄)로 넘어가게 되었다. 마니교는 위그르제국(8세기)의 국교가 되었으며, 몽골침입 때까지 지속되었다.

카타리파 교리는 물질을 악의 근원이라 해서 신과 대립시키는 이원론(二元論)과 극단적인 금욕주의가 특징이다.

마니교와 유사한 가르침을 가진 신(新) 마니교는 유럽에 영향을 미쳤다. 마니교에 영향을 받은 바울로파(7세기 아르메니아), 보고밀파(10세기 불가리아), 카타리파 또는 알비파[118](12세기 프랑스 남부)가 새롭게 부흥되었으나, 로마가톨릭에 의한 마녀사냥을 당한 뒤 점차 사라지거나 지하로 들어가게 되었다.

마니교는 힌두교, 그리스도교, 불교, 도교와도 비슷하다. 마니교의 핵심은 진리에 대한 영적인 깨달음(靈知, Gnosis)을 통해 구원에 이른다는 이원론 종교인 영지주의(靈知主義, Gnosticism)에 속한다.

물질(육체)에 사로잡혀 있는 우리의 정신이 진정한 자아를 회복하기 위해서는 자신을 아는 것이 중요하다고 가르친다. 마니교에서 자신을 안다는 것은 신의 본성을 공유하는 것이며, 초월세계로부터 오는 영혼을 보는 것이라고 한다.

과거는 빛과 어둠, 선과 악, 정신과 물질이 분리된 시간이고, 현재는 이들이 통합되는 시간이며, 미래는 이원성이 재정립되는 시간으로 구분할 수 있다. 이들은 육체의 안락함과 편안함이 아닌 환생의 굴레를 벗어나 해탈을 목표로 한다.

마니교도 카타리파와 마찬가지로 선별된 자와 선별된 자를 도와주는 자로 나뉘며, 선별된 자를 카타리파에서는 '완덕자(完德者)'라 부른다.

---

[118] 카타리파는 프랑스 툴루즈 지방의 알비에 전파되면서 알비파라고도 불렸다.

마니교는 조로아스터교의 이원론(빛의 아버지와 어둠의 아버지와의 전쟁)과 불교의 윤회와 해탈 그리고 그리스도교의 구세주 구원론이 모두 들어가 있으며, 깨달음에 바탕을 둔 그노시스적인 가르침이다. 마니교는 중앙아시아를 비롯하여 동유럽 일대에 광범위하게 퍼졌다.

조로아스터교와 마니교의 전달자 '소그드인'

마니교와 조로아스터교를 전파한 사람들은 바로 '소그드인'이었다. 소그드인은 상인 스키타이에 해당하며, 상호(商胡), 호인(胡人) 등으로 불렸다. 소그드인은 태어날 때부터 상인으로 키워지며 20세가 되면 여행을 떠나 장사를 배운다. 그들은 여러 개의 언어에 능통한 상인들이다.

한나라 때에 호인(胡人)은 북방유목민인 흉/훈을 일컫는 말이었으나, 후대 수당시대 때에는 중앙아시아의 소그드인을 호인(胡人)이라 불렀다. 胡人이라고 부른 것은 그들이 옛 월지(月支)인 임을 나타내준다. (古 + 月)

소그드인은 실크로드의 교역로인 지금의 우즈베키스탄의 사마르칸트에 살았다. 소그드인이 마니교의 전달자가 될 수 있었던 것은 실크로드의 교역로를 연결하는 상인이었기 때문이다.

소그드인은 실크로드를 잇는 장사꾼으로, 유명한 인물로는 당나라의 양귀비를 유혹한 안록산이 있다. 안록산의 아버지는 소그드인이고,

어머니는 돌궐족 지배 씨족인 아사나씨(阿史那氏)=아시나 족[119]이다.

안록산은 소그드인의 지원을 받았는데, 안록산의 난 (755-763)이후 당나라에 거하던 소그드인은 전멸을 당하였으며, 각지로 흩어져 신분을 감추어야만 했다.

소그드인 출신으로는 강씨, 안씨, 석씨, 조씨 등 9개성이 있으며, 마케도니아의 알렉산더는 소그드왕인 옥샤르테스의 딸 록사네와 결혼하였다.

소그드인은 스키타이로부터 시작되었으며, 스키타이의 후예로는 흉/훈과 돌궐, 하자르, 소그드 등이 있다. 이들은 모두 늑대코드를 가지고 있었다.

5행으로 나누어진 스키타이는 크게 세 종족으로 나눌 수 있다. 샤면과 사제계급, 왕족으로부터 분파된 귀족과 무사계급, 그리고 상·농·공 계급으로 나뉜다.

귀족과 무사계급은 서쪽으로 진출하였고, 샤면과 사제계급은 동쪽으로 이동하였다. 5~7세기경, 샤면-사제계급과 정통왕족은 신라이고, 귀족-무사계급은 돌궐과 위구르이며, 상인계급은 소그드로 대표할 수가 있다.

---

119 〈흉/훈의 로얄패밀리아시나(Ashina)〉 참고

서쪽으로 보낸 결사대 - 늑대코드

흉노/훈의 뿌리를 가지고 있는 종족들은 대부분 늑대코드를 가지고 있다. 늑대코드는 지구여신을 보호하는 역할을 띠고 있다.

늑대코드를 가지고 있는 나라들의 신화를 보면, 버려진 아이가 늑대(이리) 젖을 먹고 자랐다고 되어있다. 엘람의 후손으로 페르시아의 아케메네스 왕조를 연 키루스 대왕도 메디아 공주의 아들로. 이리 젖을 먹고 자랐다고 한다. 또한, 로마의 건국신화에서도 로물루스와 레무스가 늑대 젖을 먹고 자라났다고 한다. (로마는 카이사르 때부터 지배계층이 바뀜). 또한, 위구르인은 자신들을 사막의 이리와 흉노 공주의 후예라고 한다.

페르시아, 로마, 위구르, 몽고, 돌궐 등의 지역은 흉/훈의 선조인 스키타이로부터 시작된 나라들로, 그 기원을 거슬러 올라가면 알타이 바이칼이 나온다.

늑대코드를 가지고 있는 서쪽의 나라(페르시아, 흉/훈, 돌궐, 몽고)들은 아버지 환웅이 서쪽으로 보낸 결사대이다. 서쪽의 질서가 무너질 때마다 훈, 몽고 등이 서쪽을 진압하였다.

05 서쪽의 켈트와 동쪽의 가야 [킴메르와 가야]

크샤트리아의 의식전쟁

아리안의 두 분파 브라만(샤먼, 사제)과 크샤트리아(왕족, 무사)가 갈라지고 난 뒤, 브라만은 인도와 네팔로 들어갔고, 크샤트리아는 북방의 스키타이가 되었다. 크샤트리아는 왕 코드를, 브라만은 샤먼코드를 가지고 있다.

BC 14세기경, 지구는 의식의 대전쟁이 있었다.
브라만과 크샤트리아의 분리로 인해 크샤트리아는 샤먼·사제를 대체할 필요성을 느꼈고, 이 무렵 서쪽으로부터 태양신 사상을 받아들였다. 태양신은 강력한 왕권의 부활을 가져오게 되었고, 이때 탄생된 것이 미트라 사상이었다.

신화에 의하면, 미트라는 태어나자마자 말을 타기 시작했고, 생명을 주는 우주 황소를 죽여 그 피로 모든 채소가 풍작을 이루게 했다고 한다. 여기에서 우주 황소는 치우의 상징이고 말은 크샤트리아를 상징한다.

이것은 고대로부터 전 세계에 퍼져있던 정령의 수호신인 치우천왕의 왕권을 천사장 계욜인 미트라가 왕의 감투를 썼다는 이야기이다. 즉 다시 말해 아리안 크샤트리아와 태양신의 조우가 강력한 왕권을 탄생시켰다. 아리안 크샤트리아는 태양신 숭배와 황소 숭배 사이에서 커다란 의식전쟁을 치러야만 했다.

미트라 사상도 BC 14세기경에 들어온 태양신 사상이고, 비슷한 시기에 이집트의 아크나톤(BC 1350 ~ BC 1334)은 아톤신(태양신)을 들여왔으며, 이를 모방한 모세는 유일신 사상을 유대인에게 주입하기 시작하였다. 이집트는 아크나톤 이후, 아몬(아멘)숭배로 되돌아갔다.

소는 치우의 상징이다. 소의 강력한 두 뿔은 왕권을 상징하며, 왕족 스키타이는 하나의 '뿔 상징'을 가져갔고, 브라만은 '소 숭배 사상'을 가져갔다. 한편 무사스키타이는 말의 상징을 가지고 서쪽으로 이동하여 유럽의 트라키아인[120] 되었다.

붉은 머리 – 킴메르

'안개와 어둠에 싸인 신비의 나라'
이는 그리스인들이 흑해 북쪽에 거주하는 나라를 표현한 말이다.

---

120 유럽 중앙과 남동부 지역에 걸쳐 사는 인도 유럽인들의 분파 중 하나. 북쪽으로는 스키타이, 서쪽으로는 켈트인들, 남쪽으로는 고대 그리스인들, 동쪽으로는 흑해를 마주했다.

BC 6~7세기경, 흑해 북쪽에 킴메르인(Cimmerians)[121]이 살았다. 킴메르인은 고대 북방유목민족으로 아리안의 지배계층이었다.

금이 풍부한 알타이 북방초원에서 아르메니아로 넘어와 아나톨리아 반도에 정착한 스키타이 일파로, 이들은 무사 스키타이였다. 크샤트리아 아리안은 검정 머리와 붉은 머리로 나뉘는데, 왕족은 검정 머리, 무사는 붉은 머리를 가지고 있었다.

북방의 크샤트리아는 스키타이가 되어 찬란한 문명을 일구다가, BC 7세기경, 왕족 스키타이와 무사 스키타이 간의 분열이 생기기 시작했다. 북방의 무사 스키타이는 흑해 주변에 금속제조장을 가지고 있던 장인 스키타이를 제압하고, 막강한 철제무기를 생산하기 시작하면서 세력을 키워나갔다. 그들이 바로 '킴메르'이었다.(금속장인+무사스키타이)

장인 스키타이는 흑해 일대의 아마조네스[122]로 여성들 집단이었고 이들의 후예가 가야의 여전사이다.
스키타이와 킴메르의 관계는 신라와 가야의 관계와 같다.

---

121 헤로도투스에 따르면, 원래 킴메르인은 코카서스와 흑해의 북쪽 영역에 기원전 8세기와 7세기에 살았다고 한다. 근원은 불분명하지만, 인도 유럽어족으로, 이란의 지배계층이었던 것으로 보인다라고 하였다.
122 그리스 신화에 나오는 전설의 여성 부족이다. 헤로도토스는 아마조네스가 사르마트족의 스키타이 국경 지역(현재의 우크라이나)에 위치한다고 했으며, 다른 역사가는 소아시아, 리비아, 또는 인도라고도 했다.

왕족 스키타이는 킴메르인을 몰아내고 흑해의 금속제조장을 접수하기 위해 킴메르를 침공한다. 킴메르족은 왕족 스키타이에 밀려 이동을 하게 되는데 이동 경로는 아래와 같다.

흑해 북쪽 ⇨ 아나톨리아 ⇨ 리디아 ⇨ 불가리아 ⇨ 헝가리 평원

킴메르족은 트라코 킴메리족으로 불리기도 하는데, 이들이 트라키안의 기원이다.

한편 왕족 스키타이는 킴메르의 왕에게 스키타이 귀족 직분을 주고 킴메르인은 스키타이에 병합되었다. 이후 스키타이는 강력한 철기 문화를 꽃피운다.

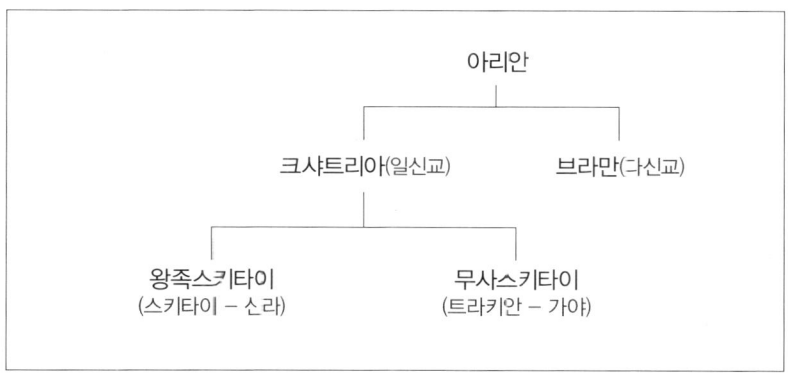

킴메르인과 가야

왕족 스키타이 침공 후, 킴메르인은 두 갈래로 갈라진다. 서쪽으로 이동하여 러시아 남부에 자리 잡은 킴메르인은 트라키안이 되었고, 일부는 왕족 스키타이의 귀족이 되었다. 훗날 왕족 스키타이에 병합된 킴메르인은 신라와 마찬가지로 한반도로 들어와 '가야'를 세운다.

킴메르 ⇨ 김(金) + 메르(바다) ⇨ 김해(金海)
킴메르는 '가미르'라고 불리기도 했다.

킴메르인은 붉은 머리를 가지고 있는 스키타이 분파이다. 킴메르인은 고대 유럽인으로, 이들이 유럽지역으로 이주한 뒤에는 갈리아인으로 불렸고, 영국의 섬으로 들어가 켈트족이 되었다.

― 일본 애니메이션에 가끔 등장하는 주제 중, 붉은 머리의 무사와 서쪽 끝의 제철소 관련 코드가 있다. 원령공주에는 서쪽 끝의 세계인 '타타라바'라는 지역에 철을 만드는 마을이 나온다. 그곳에서 일하는 사람들이 모두 여성들로 나온다. 또한 [역사스페셜] '가야에 여전사가 있었다'라는 프로그램을 보면, 지배자층의 무덤에서 대도, 창, 칼 등 무기류 등이 발굴되었고, 무덤 주인 역시 여전사로 추측된다는 다큐멘터리였다. 가야는 대대로 철을 다루는 지역이었고, 가야의 지역 또한 지금의 김해(金海)지역에 해당된다. 일본은 무사의 나라로, 오래전부터 대륙에서 패한 무사들이 숨어들어 가

는 지역으로, 떠돌이 무사들이 많았다. 일본 애니메이션에도 종종 붉은 머리 무사들이 등장한다. 또한, 남유럽 일대는 대대로 붉은 머리의 사람들이 많았다.

서쪽으로 간 켈트, 동쪽으로 간 가야

서쪽으로 이동한 무사스키타이(트라키안)는 유럽으로 들어가 고대 유럽 원주민이 된다. 이들이 바로 갈리아인이다. 갈리아인은 골, 가울(Gaul)족으로 불리는데, 고구려, 가우리와 이름이 비슷하다. 이들은 전사·무사계급이었다. 갈티아인이 바로 켈트족이다.

이들 켈트족은 붉은 머리의 전사이다. 주술적·종교적 임무를 띠고 있던 드루이드[123]는 켈트족의 사제인데, 원래 이들의 계급은 전사, 무사였으나 훗날 사제와 학자를 겸비한 켈트의 지배계층이 된다.

한편 동쪽으로 이동한 무사 스키타이는 [가야]이고, 왕족 스키타이는 [신라]이다. 무사 스키타이가 일본으로 건너가 사무라이의 시초가 되었다.

서쪽의 무사 스키타이 '갈리아'와 동쪽의 무사 스키타이 '가야'는 이름의 어원이 유사하다. 갈리아 ⇨ 갈랴 ⇨ 가라, 가야

---

123 켈트의 땅(현재의 영국과 프랑스)에서 신의 의사를 전하는 존재로서 정치와 입법, 종교, 의술, 점, 시가, 마술을 행한 자들을 드루이드라고 한다.

이들 무사 스키타이와 왕족 스키타이는 샤먼, 사제계급이 필요했고, 왕족 스키타이는 태양신 대신 동쪽으로 이동하면서 인도의 붓다 사상을 가지고 동방에 호국 불토인 '신라'라는 나라를 만들었다.

그리고 가야는 인도의 여사제 허황옥[124]을 한반도로 데려온다. 이는 신라와 가야가 크샤트리아와 브라만을 통합한 아리안이고, 또 신라와 가야의 통합은 왕족 스키타이와 무사 스키타이의 통합이었다.

신라의 지배계층이었던 박, 석, 김은 박트리아, 사카, 킴메르로부터 기원한 것으로 추측한다.

---

124 금관가야 시조인 수로왕의 비. 허황후(許皇后)라고도 한다. 김해김씨(金海金氏)·김해허씨(金海許氏)의 시조모

Chapter 08

일월오봉도와 쥬신제국

중심자리가 무너지자 전 세계는 전쟁의 소용돌이에 휩싸였고,
힘의 역학은 이상하게 흘러가기 시작했다.
이때부터 '역천의 하늘'이 열렸고, 힘의 소용돌이는 반대로 돌기 시작했다.

01 일월오봉도와 대쥬신의 영토

일월오봉도와 왕(王) 그리고 프리메이슨 상징

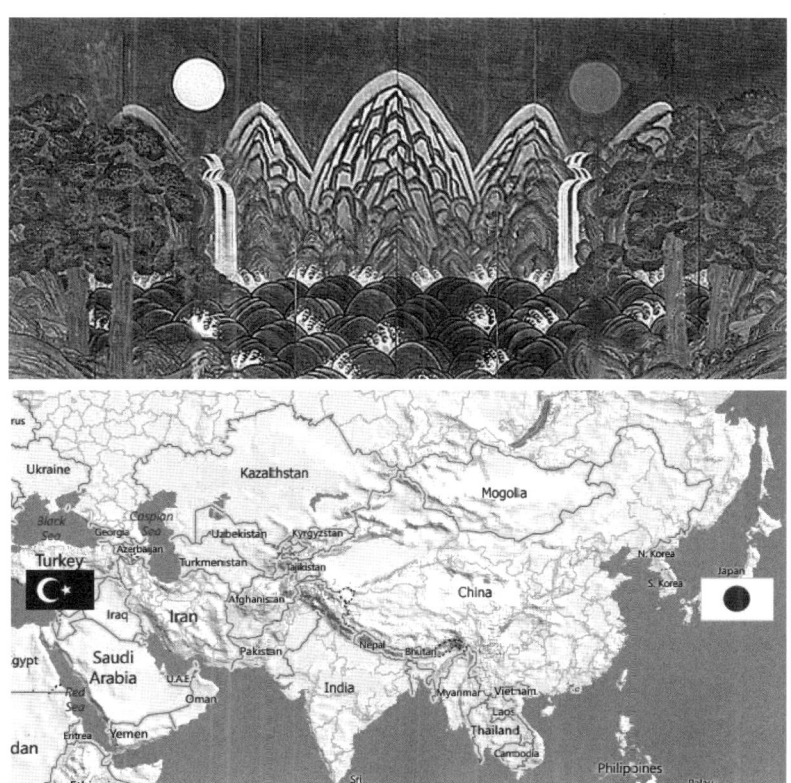

Chapter 8. 일월오봉도와 쥬신제국 · 225

조선시대 왕의 뒤 배경은 언제나 일월오봉도 병풍이 있었다. 일월오봉도의 중앙에 왕이 위치했을 때, 일월오봉도의 전체 그림이 완성된다.

일월오봉도의 일월(日月)은 해와 달이다. 위 그림에서 좌측 흰색 원이 달이고, 우측 붉은 원이 해이다. 해는 양이고, 달은 음이다. 이 음양의 중앙에 왕이 위치한다.

일월오봉도에는 많은 상징이 담겨 있다. 하늘과 땅과 바다 즉 삼라만상 자연을 관통하고, 음양오행을 다스리는 자가 왕이다. 음양을 다스리고, 하늘과 땅을 관통하여 사방 십자가로 연결하는 사람, 그 사람이 바로 왕이다. 그래서 왕이 한자로 '王'인 것이다.

5개의 봉우리는 목화토금수(木火土金水) 오행을 나타낸다. 또한, 양쪽 나무와 물줄기는 11:11의 모양으로 기둥이며 문 역할을 한다.

11의 상징코드는 프리메이슨의 상징코드에서도 나타나 있다. 프리메이슨의 입단의식과 상징체계는 일월오봉도와 비슷한 점이 많다.

양 기둥 위에 해와 달이 위치해 있고, 중앙에 프리메이슨 상징이 들어가 있으며, 컴퍼스와 삼각자 위에 전체를 지켜보는 전시안(全示眼)[125]

---

125 전체를 보는 눈

이 있다. 전시안은 신이자 왕에 해당된다. 모든 정보를 꿰뚫어 볼 수 있는 신의 눈이다.

프리메이슨 상징은 일월오봉도와는 달리 좌측에 태양, 우측에 달이 위치해 있다. 좌측의 태양은 영국에 해당되고, 우측의 달은 터키에 해당된다. 터키는 동방으로 들어가는 출입문과 같다. 그리고 그 중심위치는 스위스이다. 스위스는 독일, 프랑스, 이탈리아의 중심자리에 위치하며, 중립국을 유지하고, 세계 비밀은행이 있는 곳이기도 하다.

영국은 태양의 기운을 당겨 해가 지지 않는 나라 대영제국을 만들려 했고, 일본도 태양의 기운을 당겨 대동아제국을 만들려 했다. 또한, 일본은 영국을 벤치마킹하면서 성장하였다. 일본은 태양 도양을 국기로 삼았고, 터키는 달과 별 모양을 국기로 삼았다. (위 그림 참조)

왕은 삼라만상의 자연을 관통하고, 음양오행의 기운을 다스리는 자이다. 왕은 하늘과 땅의 이치를 바로 알고 인간 중에 으뜸인 자가 세상을 덕으로 다스릴 때, 이 세상은 안정되며 중심자리가 잡힌다.
이 중심자리는 너무나도 중요하다. 중심자리를 놓고 수많은 전쟁이 있었고, 수많은 왕의 혈통들(Royal blood)이 정통성을 얻으려고 노력하였다.

세상은 지배계층과 피지배계층으로 나뉘고, 역사는 이 지배계층의 중심자리를 얻기 위한 싸움이었다.

중심이 흔들리면 전체가 흔들린다. 중심을 얻고자 하는 다른 지배계층은 끊임없이 중심자리를 흔들었고, 중심자리 확보전쟁에 민중들은 이리 치이고, 저리 치이고, 죽고 싸우고, 철저히 지배계층의 움직임에 따라 움직였다.

그렇다면 지금의 세상은 어떠한가?

지금의 세상은 과거와는 달리 보이지 않게 민중을 조종한다. 민중은 지배계층의 중심자리 이동에 따라, 이리 흔들리고, 저리 흔들리는, 갈대와 같다. 변한 것이 있다면 지금의 민중은 자신이 노예인 줄 모른다는 점이다. 노예인 줄 모르는 노예가 더 무서운 법이다.

대한·쥬신의 영토는 중동을 포함한 대륙 전체다

터키의 국기는 달과 별을 사용하였고, 일본은 태양을 사용하였다. 우연인 듯 보이는 상징을 통해서 우리는 전체를 살필 수가 있다.

터키, 이라크 등은 달과 별 신을 숭배하는 사상을 가지고 있으며, 한국이나 일본의 경우는 태양을 숭배하는 사상을 가지고 있다. 이것은 마치 세계지도에 일월오봉도를 그려놓은 것처럼 보이는데, 가장 높은 봉우리가 바로 '천산산맥'이다.

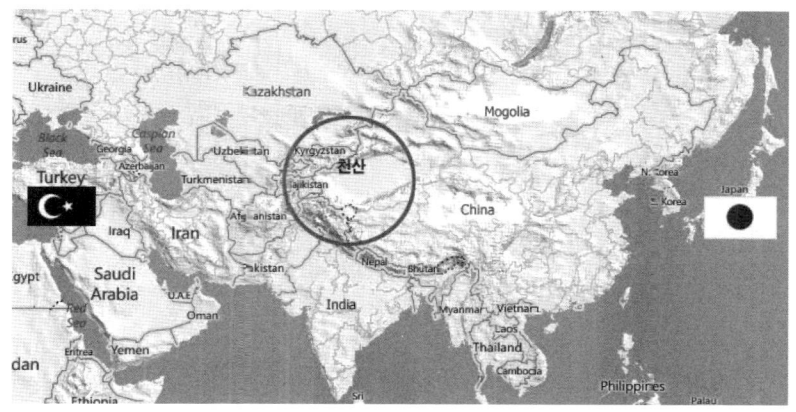

　천산산맥을 중심으로 좌측에는 달이, 우측에는 태양의 상징이 담겨 있다. 이를 볼 때, 일월오봉도에는 대쥬신의 영토가 상징적으로 나타나 있고, 많은 의미가 내포되어 있다.
　(참고로 1882년에 미국에서 발간한 [해양 국가 국기]에 보면, 이집트 국기는 붉은 바탕에 달 모양이었다. 이것으로 유추해볼 때 이집트가 달의 본고향이라고 볼 수 있다.)

　시간이 흐르면서 일월오봉도의 중심자리는 천산산맥에서 우측으로 계속 이동을 하였다. 즉 왕이 머무는 중심자리가 서쪽에서 동쪽으로 이동하였고, 에너지가 점점 축소되어 한반도로 압축되어 들어오게 된다.
　황제국이었던 청나라가 무너질 위기에 처하자, 고종은 독립문을 세워 중국으로부터 독립한 후, 황제국을 선포한다. 즉 대한제국 때 에너지 중심자리를 한반도에 박아놓고, 황제국의 에너지를 봉인하게 된다.

02 광무황제의 역할과 대한제국

황제국의 이동 - 대한제국 선포

환웅 이래로 중심자리는 계속해서 동쪽으로 이동하였다.

청나라의 기운이 기울면서, 고종은 1897년 대한제국을 선포하였다. 이후 1910년, 대한제국은 일본과 강제적 한일합방을 하게 되었다. 그렇다면 고종은 어떻게 중심자리를 한반도로 옮겨왔을까?

1894년 청일전쟁 후, 청나라는 일본에 패하고 시모노세키 조약[126]에 따라 요동반도와 대만 등을 내어주게 된다. 청나라 광서제[127]는 서태후 하에서 힘을 못 쓰고 있었을 뿐만 아니라, 1898년에는 서태후에 의해 10년 동안 감금이 된다. 즉 1898년 이후로 청나라 광서제의 역할은 끝이 난 것으로 볼 수 있다.

고종은 청일전쟁에서 청나라가 일본에 패하면서 천자국의 위치를 상

---

126 청·일전쟁의 전후처리를 위해 1895년 청국과 일본이 일본 시모노세키에서 체결한 강화조약.
127 청나라의 제11대 황제(재위 1874~1908). 사실상 정권은 서태후가 장악했다. 이 시기는 서구열강과 문제가 많은 시기였다.

실했다고 판단하고, 대한제국을 서둘러 선포하게 된다.

물론 그 시기의 상황은 아관파천[128]으로 왕실의 권위가 떨어진 상태였기 때문에 새로운 중심을 다질 계기가 필요했고, 이를 계기로 천제의 중심자리를 한반도로 당겨오게 된다.

1897년 10월 12일, 고종은 대한제국을 하늘에 선포하고, 광무황제가 된다. 그러나 이도 잠시, 1907년 고종 광무황제는 강제로 왕위를 순종에게 양위하게 된다.

망해가는 왕조에서 고종황제는 자신이 할 수 있는 최선 이상의 일을 해낸 왕이라고 생각한다. 조선의 어떤 왕들보다도 힘으로 밀고 들어오는 서구열강에 맞서 당당히 싸우고 지키려 했던 왕이었다.

1904년 만주를 두고 러시아와 일본이 전쟁을 하게 된다. 러시아를 견제하기 위해서 미국과 영국은 일본을 지지하였고, 일본은 러일전쟁에서 승리하게 된다.

그 당시 일본과 영국은 영일동맹[129]을 맺었다. 영일 동맹은 매우 중요한데, 영국은 청나라를 먹고, 일본은 조선을 먹으며, 동시에 러시아를 견제하기 위한 동맹이었다.

즉 유라시아 대륙의 양끝에 위치한 두 개의 섬나라가 동맹을 맺고,

---

128 을미사변(명성왕후 시해사건)이후 일본군의 공격에 신변의 위협을 느낀 고종과 왕세자가 1896년 2월 11일부터 약 1년간 조선의 왕궁을 떠나 러시아 공관에 옮겨 거처한 사건.

129 1902년 영국과 일본이 러시아를 공동의 적으로 규정하고, 러시아의 동진을 방어하고, 동시에 동아시아의 이권을 함께 분할하려고 체결한 조약.

대쥬신 땅을 철저히 해체해 나가기 시작했다는 점이다. 영국과 일본은 모두 태양을 상징하고 있다. 영국과 일본 두 나라는 왕실이 있는 나라다. 물론 입헌군주제로 왕의 권력은 약하나 영국은 여왕이 있고, 일본은 천왕이 있다. 두 나라의 왕족들은 그대로 유지를 시켜놓고, 러시아, 청나라, 대한제국의 왕실은 붕괴시켜 버렸다.

(사진 출처: 국립전주박물관)
황제만이 노란 옷을 입을 수가 있었다.

러시아 마지막 왕, 니콜라이 2세는 강제 퇴위당하고 가족들은 총살당했으며, 청나라 마지막 왕 푸이는 자금성에서 쫓겨난 뒤 일본에 의지하며 살다가 일본 패망 후 소련의 포로로 잡혀갔고 이후 오랜 감옥생활을 해야 했다. 마지막으로 고종황제는 일본에 의해 강제 퇴위당한 뒤 독살 당했다.

중심자리가 무너지자, 전 세계는 전쟁의 소용돌이에 휩싸였고, 힘의 역학은 이상하게 흘러가기 시작했다. 이때부터 '역천의 하늘'이 열리기 시작했다. 힘의 소용돌이는 반대로 돌기 시작했다.

한반도를 중심으로 남과 북이 갈라지고, 중국, 러시아, 일본, 미국 네 나라가 한반도를 둘러싸고 힘의 역학을 벌이게 되었다. 여기에서 중요한 것은 한반도의 중심자리를 놓고 강국들이 치열하게 힘의 균형을 맞추고 있다는 점이다. 대한제국 때 한반도로 가져온 중심자리는 아직 끝나지 않았다. 이제부터 시작이다.

국기의 방향과 힘의 역학

(좌) 1886년 당시 조선의 국기, (우) 박영효가 그린 국기

좌측의 국기는 오른쪽 방향으로 회전하고 있는 것처럼 보인다. 반면 오른쪽에 박영효[130]가 그린 국기는 왼쪽으로 회전하고 있는 듯 보인다. 건곤감리(乾坤坎離)[131]는 똑같으나 회전하는 방향이 반대로 바뀌었다. 태극기는 고종이 직접 제작했다고 하는 이야기도 있고, 박영효가 그렸다는 주장도 있다.

---

130 1861~1939 급진 개화운동을 펼친 정치가, 고종의 명으로 일본에 수신사로 다녀오다가 선상에서 국기를 그렸다고 전해진다.

131 주역의 기본 괘이자, 우리나라의 국기인 태극기의 모서리에 표현되어 하늘과 땅, 물과 불을 상징하는 4개의 괘이다.

Chapter 8. 일월오봉도와 쥬신제국 · 233

대한제국은 음양이 교차하는 곳으로, 음양이 교차하는 곳이 힘의 균형점이기도 하다. 음양이 바뀐다는 것은 힘의 방향이 바뀐다는 뜻이다.

이때만 해도 태극기 모양이 제각각이었고, 태극기 제정도 흐지부지되고 말았다. 제대로 태극기가 정립되지 않아 오른쪽 방향인지, 왼쪽 방향인지 방향이 헷갈렸으나, 1945년에는 다음과 같이 확정되었다.

방향으로 치자면, 박영효가 그린 국기 방향으로 확정되었다.

이것은 힘의 방향을 상징하는데, 대한제국은 오른쪽으로 회전하고, 대한민국은 왼쪽 힘의 방향으로 바뀌었다. 즉 1, 2차 세계대전을 거치면서 힘의 방향이 바뀌었다는 것을 뜻한다. 하나처럼 회오리쳐 돌던 태극이 반으로 갈라지듯, 힘과 힘이 대립하고 있는 모양으로 바뀌었다. 이것은 한반도에 이념과 이념이 충돌하고 있는 지점이라는 것을 상징적으로 나타내주고 있는 것이다.

더 크게 확장하자면, 조선말까지는 동쪽으로의 이주를 완료했고 대한민국은 방향을 동에서 서로 전환하여 정신문명을 확장해 나가야 한다. 나사를 조일 때는 오른쪽 방향으로 돌리고, 풀 때는 왼쪽 방향으로 돌린다. 조선까지는 우리의 의식을 수도꼭지 잠그듯 해야 했던 시절이었고, 대한민국이 수립된 다음부터는 모든 문명을 제로에서부터 다시 흡수하여 확장해나가는 시간이다.

그렇다면 고종황제는 왜 대조선이라 하지 않고 대한제국이라고 나라 이름을 정하였을까? 그 당시 김옥균 등 친일파들은 나라 이름을 '대조선'으로 건의하였다. 그러나 고종은 '대한'이라는 이름을 채택했다.

고종실록에 보면 다음과 같은 글이 나온다.

> 상(고종)이 이르기를 "우리나라는 곧 삼한의 땅인데, 국초에 천명을 받고 하나의 나라로 통합되었다. 지금 국호를 대한(大韓)이라고 정한다고 해서 안 될 것이 없다. 또한, 매번 각국의 문서를 보면 '조선'이라고 하지 않고 한(韓)이라 하였다. 이는 아마 미리 징표를 보이고 오늘이 있기를 기다린 것이니, 세상에 공표하지 않아도 세상이 모두 다 '대한'이라는 칭호를 알고 있을 것이다."

또한, 독립신문에는 단군, 기자 이래, 고려 때에 이르러 삼한이 통합되었다고 나온다. 세계적으로는 COREA라는 말이 더 널리 알려졌다.

그렇다면 일본은 의 대한제국 선포를 가만히 보고만 있었을까?
일본은 그 당시 청나라와 조선을 분리하는 작업을 하고 있었다. 독립문도 일본에 대한 독립이 아니라 청나라로부터의 독립을 상징하고 있다. 따라서 일본의 입장에서는 조선이 대한제국을 선포하면서 청나라와의 관계를 단절시키고 조선침략의 단계적 계획을 세우기에 유리하였기 때문에 묵인한 것이다.

당시 순진한 조선 지식인들은 일본과 대등한 관계에서 서양 오랑캐를 물리치고, 아시아인이 세계를 제패할 꿈을 안고 일본의 대동아시아 사상에 동조되어 함께 일하였으나, 이들은 이후 일본에 의해 철저히 이용되고 버림받는 신세가 되어버렸으며, 안으로는 친일파로 몰리는 형국이 되어버렸다.

• **친미파와 친일파**

6·25전쟁을 거치면서 결국 우리 대한민국은 친미파가 정권을 잡았고, 친일파가 대거 기용되었다. 여기에서 민족을 외치는 사람들은 철저히 제외되었으며, 왕조의 몰락과 함께 민족주의자들의 기운은 쇠퇴하기 시작했다. 반면 친미파나 친일파는 고위관직에 앉을 수 있었다.

03 고려인과 조선인

한국 뿌리를 가지고 있는 사람들

치우천왕의 부활에서 이야기하는 쥬신제국은 어디에 살고 있고, 어느 나라에 소속되어있느냐를 따지는 것이 아니라, 어디에 있든, 어떻게 있든, 어떤 생각과 어떤 정신으로 살고 있느냐를 묻는 것이다.

인류 물질문명의 시원인 환웅 이래, 한민족의 뿌리를 가지고 있는 우리의 흔적을 찾아 나가는 것이다. 국경이 없던 시절, 모두가 하나의 나라였던 시절이 있었으나, 의식은 점점 분화되어 국경이 생기고, 제 나라의 이익을 챙기며, 서로 전쟁을 벌이는 세상으로 변해왔다. 그러나 이제는 기술이 발전하면서 세계가 하나로 통일되는, 즉 국경이 사라지는 세계 단일화의 흐름으로 흘러가고 있다.

한반도에 사는 사람들은 자신들을 한국인이라 한다. 한반도를 벗어나 중국 혹은 러시아 등지에 살면서 한국인 외모에 한국말을 하는, 즉 한국 뿌리를 가지고 있는 사람들은 조선족, 혹은 고려인이라 불린다. 그렇다면 조선족과 고려인의 차이는 무엇일까?

대체로 중국에 사는 한국인을 조선족, 러시아에 사는 한국인을 고려인이라 한다.(중국의 소수민족처럼 무리를 지어 살고 있기 때문에 조선족이라는 이름이 붙은 것임.)

조선계와 고려계의 차이점은 고대로 올라가서 찾을 수가 있다. 물론 고려가 멸망하고 조선에 편입되지 않은 고려인을 '고려인'이라 한다. 즉 조선의 영토에 편입되지 않은 이들이 최초 고려인이다. 또 만주 일대에 살던 조선인들은 해방 이후 국경이 나눠지면서 '조선인'이라 불리게 되었다.

우리말을 쓰고, 우리 얼굴을 하고, 우리의 정서를 가지고 있는 사람을 우리나라 사람이라 한다. 조선인, 고려인, 북한인, 남한인 모두 우리 얼굴, 우리말을 쓰고 있지만, 생각은 전혀 다르게 움직인다. 시간이 흐르면서 얼굴도 서서히 변화가 되고, 말도 달라지며, 생각도 변한다. 남북한의 간극도 점점 더 벌어지고 있으며, 북한은 점점 고립되고 있는 상황이다. 세계의 흐름은 멈추어가고, 그 어떤 돌파구가 필요한 시점에 도달했다. 남북한뿐만이 아니라 세계가 함께 변화를 모색해야 하는 시점이 점점 다가오고 있다.

세계 곳곳에 나가있는 우리나라 사람들도 있으며, 이민을 떠난 사람들도 있다. 비록 먼 곳에 떨어져 있지만, 가슴 깊은 곳엔 뿌리에 대한 회귀가 남아있다. 그들은 본국의 위상이 드높아지면 함께 기상이 높아진다. 한민족이라는 자부심이 들도록 한반도에 살고 있는 사람은 더 빛나게 살아줘야 한다. 그래야 나가있는 사람들이 힘을 받는다.

고려계, 조선계

고려인의 지배계층 뿌리 계보로 올라가면, 고려, 발해, 백제, 고구려, 부여로 이어진다. 반면 조선인의 지배계층 뿌리 계보로 올라가면 조선, 청, 여진(금), 당, 신라로 이어진다. 여기에서 대부분의 사람들이 의아하게 생각할 것이다.

본질적인 질문으로 들어가 신라는 왜 당과 연합을 하였을까?
신라는 고구려, 백제보다도 당과 뿌리가 같기 때문이다.

신라는 서쪽 스키타이계인 흉노의 피를 가지고 있다. 당을 세운 이연 132은 선비족(Xianbei)133이다. 반면 신라는 흉노족(Xiongnu)이다. 선비족과 흉노족은 모두 월지(月支)와 동호(東胡)로부터 비롯된다. 한자를 살펴보면, 월지와 동호는 모두 달의 상징이 들어가 있다. 달 상징은 투르크계의 상징이기도 하다. 투르크계는 대부분 달의 상징을 국기에 넣었다.

고려인과 조선인은 그 기운 줄이 다르다. 지배계층의 뿌리를 찾아서 올라가면, 고려인은 알타이계가 나오고, 조선인은 스키타이계가 나온다. 이 한반도에 고려계와 조선계가 함께 섞여 있는 것이다. 북한은 고려계와 연결되어있고. 남한은 조선계와 연결되어있다. 알타이계가 남성

---

132 당을 창건한 초대 황제 (재위 618~626)
133 남만주와 몽골지방의 튀르크족과 몽골족의 혼혈 유목 민족이다. 흉노에게 멸망된 동호의 후예라는 설이 있다.

성이라면, 스키타이계는 여성성이다. 그래서 북한은 남성, 남한은 여성이 되는 것이다. 또한, 고려계는 대부분 공산주의이고, 조선계는 민주주의를 선택했다.

신라의 후예, 금나라

청나라 왕조는 자신들의 성을 애신각라(愛新覺羅)라 한다. 즉 '신라를 사랑하고 기억한다'는 뜻인데, 청나라의 뿌리 계보로 올라가면 다음과 같다.

청나라 ⋯➤ 금나라 ⋯➤ 여진 ⋯➤ 생여진 ⋯➤ 흑수말갈 ⋯➤ 말갈

즉 말갈족으로부터 여진족이 탄생되었다는 이야기이다. 말갈족은 고대 고조선 유민으로 유추된다. 이들 말갈족은 두 부류로 나뉜다. 흑수말갈과 말갈이다. 흑수말갈은 나중에 여진족으로 발전하였고, 이들 흑수말갈은 당과 연대를 하였다. 반면 나머지 말갈족은 고구려와 백제의 피지배계층으로 흡수되었으며 신라와 적대관계를 이룬다.

한편 통일신라가 고려에 넘어갈 때, 통일신라 경순왕의 아들이자 마지막 태자인 마의태자가 마로 만든 옷을 지어 입었다고 '마의태자'라 불렸다. 마의태자 그룹이 고려지역을 벗어나 마한 즉 말갈로 들어가 그곳의 일부 주민들을 복속시켜 여진족이 탄생되었다는 설이 있다.

통일신라가 멸망한 뒤, 경순왕의 아들들은 금강산으로 들어가 신라 국권 회복운동을 펼쳤다고 한다. 금강산이라는 이름의 유래를 살펴보면, 불교에서는 금강을 불퇴전(不退轉) 즉 물러나지 않는 진리를 향한 굳은 마음이라고 한다. 즉 금강산은 신라 국권 운동의 마지막 저항지였다.

마의태자 아들들은 이후 금나라의 시조가 되었고, 고려 초 1011년 여진 함선 100여 척이 경주지역에 출몰했다는 이야기도 전해지는 것을 보면, 신라의 후예들이 북쪽으로 이주하여 흑수말갈(고조선의 후예-마한) 족을 복속시켜 여진족을 만들고, 이들이 본격적인 나라를 세운 것이 금나라가 된다.

따라서 금나라의 후예들이 청나라를 세우면서 애신각라를 쓴 것은 자신들의 뿌리가 어디인가를 분명하게 나타낸 호칭으로 보여진다.

알타이 무사계급과 스키타이 샤먼계급

• **신라왕조와 고려왕조의 기운 줄은 다르다**

삼국이후, 통일신라, 고려, 조선은 통일왕국이었다. 통일신라는 1000년을 이어갔고, 고려 500년, 조선 500년을 이어왔다. 이후 남북한 분단의 길을 가고 있다.

고려는 부여, 고구려, 백제, 발해의 기운으로 연결이 되고, 신라는 당, 청, 금과 연결되었다. 고구려, 백제는 삼족오와 태양으로 상징되고, 신라는 투르크계의 달로 상징된다. 조선을 세운 이성계는 여진족이라는 설이 있으며, 신라계의 뿌리를 가지고 있다. 음양으로 설명하면, 고려계는 양이 되고, 조선계는 음이 된다. 고려계는 무사중심이고, 조선계는 샤먼중심이다. 그래서 조선이 세워지고 나서 무사의 영향력은 급격하게 줄어들게 된다. 조선은 선비의 나라이고, 선비는 곧 정신적 도인에 해당된다.

- **고구려, 백제 & 신라, 가야**

고구려는 알타이 무사계급이고, 신라는 스키타이 샤먼계급이다. 고구려에서 백제가 분리되었고, 스키타이의 왕족계급과 무사계급이 각각 신라와 가야가 되었으며, 가야는 김유신 때 신라 귀족으로 편입되었다.

고구려와 백제, 신라, 가야가 공존하던 시대가 있었다. 대부분 한반도에 터를 잡은 왕족들은 대륙에서 피신하여 들어온 왕족들이다. 이들이 한반도에 씨족을 이루면서 확장·발전해 나갔다. 그래서 서양의 고전 문헌에 해 뜨는 동쪽 끝에는 왕들이 많이 살고 있다고 표현한 것이다.

백제 멸망 후 백제 왕족은 일본의 지배층이 되었으며, 대륙에서 도망온 왕족, 또는 싸움에 패한 장수나 무사들이 일본으로 들어가서 사무라이가 된다. 떠돌이 사무라이들의 고향은 만주였다. 그래서 일본인들이 만주를 그렇게도 탐을 냈던 것이다. 떠돌이 사무라이들은 자신들이 모실 성주를 찾아다녔다.

04 무당의 나라 한국, 무사의 나라 북한

대한민국은 '무당의 나라'이다

대한민국은 무당의 나라이다. 세계 어딜 가도 대한민국만큼 기가 센 나라가 없다. 이 땅의 국민들은 기감이 탁월하고, 어딜 가든 음주가무가 빠지지 않는다.

우리나라만큼 노래를 좋아하는 나라도 없을 것이다. 또한, 그 어떤 종교도 한국에만 들어오면 무속과 결합된 새로운 형태가 되어 이상하게 발전해간다. 지금의 기독교도 무속과 결합된 신흥종교이다. 서양의 기독교와는 다른 무속기독교이다. 목사, 스님, 무당, 연예인, 기획사 등은 우리나라의 전형적인 흑무당들이다. 나는 이들을 '흑무당'이라 지칭한다. 목사나 무당이나 모두 신을 팔아먹고 살고 있으니, 이들 모두 흑무당인 셈이다.

무당은 흑무당과 백무당으로 나뉘어지는데, 백무당은 천손족을 지칭하고, 나머지는 흑무당으로 지칭한다.

고대 무당이 지내던 제사 즉 굿은 '종합예술'이다. 음악과 춤과 연기가 총망라된 종합예술 중의 예술이다. 이는 오늘날 음악, 미술, 무용, 연기 등으로 분화되어 발달하였고, 이를 다시 고급스럽게 포장하여 새로운 분야 즉 연예사업으로 발달시켰다.

우리나라의 TV 드라마, 영화, 가요 등은 이제 세계적인 수준에 이르렀고, 미국, 일본, 중국, 러시아, 베트남, 태국, 중동에 이어 유럽까지 진출하였다. 우리나라의 연예인들은 세계적으로 많은 사랑을 받고 있다.

그것은 왜일까?
한국인의 피에는 무당의 피가 흐르고 있기 때문이다.

오늘날 많은 청소년의 꿈이 너도나도 연예인이라고 한다. 그만큼 우리나라의 문화예술 분야는 더욱 성장하고 있으며, 세계로 뻗어 나가고 있다.

대한민국 무당의 피는 무대륙과 신라로부터 이어져 왔다. 한반도는 여성의 기가 센 지역이다. 고구려, 백제, 신라중에 유일하게 여왕이 있는 나라가 신라였다. 그만큼 통일신라 시대는 문예 부흥을 크게 일으켰던 시대였다.

북한은 '무사의 나라'이다

고구려의 피를 이어받은 북한은 군사 국가이다. 고구려 때도 그러했고 지금도 그러하다. 북한의 전 인민은 모두 군인으로 훈련되었으며,

이는 마치 스파르타의 모습을 보는 듯하다.

남한은 스키타이계가 들어와 있고, 북한은 알타이계가 들어와 있다. 스키타이 5행(농업, 상업, 장인, 무사, 왕족)이 모두 이 한반도에 머물고 있기 때문에 농공상업이 발달한 것이다. 반면에 북한은 알타이계 무사이기 때문에 군사훈련과 무기개발에 목숨을 거는 것이다.

밥줄을 포기하면서까지 핵을 쥐고 있는 나라가 북한이다. 북한은 남한의 신장(神將) 격으로 일정 부분 남한을 보호하는 신장 역할을 해왔다. 북한체제는 남한의 물질기반이 완성될 때까지 유지될 것이다. 이후 북한과 남한은 통일의 수순으로 들어갈 것이다.

한국은 문화강국이 되어야 하고, 북한은 군사 강국이 되어야 한다. 이 두 개의 힘이 합해졌을 때, 거대한 시너지가 나오고 막강한 힘이 형성된다.
따라서 주변의 중국이나 일본, 미국은 한반도의 통일을 두려워한다. 무당의 나라 한국과 무사의 나라 북한이 통일된다면, 우리 한반도가 영적 강국 코리아가 되는 것은 시간문제다.

무당과 무사는 巫堂 武士

한자 무당 무(巫)는 남한과 북한이며 무당과 무사이다. 무당은 물의 에너지를 돌리고, 무사는 불의 에너지를 돌린다. 둘이 한 짝이다. 무당은 마고에너지이고, 무사는 치우에너지이다. 마고줄은 엔터테인먼트가 강하고, 치우줄은 군사력이 강하다.

대한민국의 종교와 엔터테인먼트는 가히 세계적인 수준이다. 그만큼 대한민국은 흑무당들의 주 무대이며, 이 에너지가 세계로 뻗어 나가고 있다.
어딜 가도 한국드라마가 인기를 누리고 한국 연예인이 광을 받고, 한국제품이 사랑받는 세상이 되어 가고 있다. 반면 북한의 군사적 기술은 가히 세계적 수준이라고 할 수 있다.

남한은 '대한'이라는 명칭을 쓰고 있고, 북한은 '조선'이라는 명칭을 쓰고 있다. 조선말기, 고종은 조선이라는 이름을 버리고 대한이라는 이름을 가져왔다. 황제국으로써의 위상을 되찾고자, 그 옛날 삼한의 땅에서 부르던 옛 이름 '한'이라는 이름을 가져왔다. 이것은 인류가 갈라지기 전, 환인, 환웅이 큰 이상을 가지고 세운 천자국 한(환)으로, 원래의 자리로의 복귀를 뜻한다. 북한은 마지막 기운 줄을 끝까지 지키고 있는 마지막 국가이며, 남한은 새로운 시작을 여는 준비를 하는 국가이다. 북한은 전 인민이 군대교육을 받듯, 군인과 무사가 많은 국가라면, 남한은 샤먼의 땅답게 도인이 많다. 각자 자신의 분야에서 도를 닦고 있는 중이다.

남북한의 통일은 대한과 조선의 통합이기도 하며, 무당과 무사의 통일이기도 하다. 무당과 무사가 합이 될 때, 하늘과 땅이 통하는 길이 열린다.

工 …▸ 巫 …▸ 王 …▸ 亞 …▸ 十 …▸ 卍

무당 무(巫)자는 공(工)의 좌우에 사람 인(人)이 있다. 하늘과 땅을 잇는 좌우에 남녀가 있는 모양이다. 남녀는 하늘 에너지가 내려올 수 있는 통로를 만든다. 남녀는 무사와 무당이다. 무사와 무당이 손을 잡고 하나로 통하면 좌와 우가 통하고, 좌우가 관통하면 왕(王)이 탄생한다. 왕의 탄생은 동서로 에너지가 통하는 아(亞) 흐름을 만든다. 이것은 십자가(十)모양이다. 이 십자가가 회전하면 만(卍)자가 만들어진다.

위와 아래, 좌와 우를 통하게 만드는 이가 바로 왕이다. 세상을 고루 통하게 만드는 것, 이것이 바로 치우천왕의 부활이다.

치우천왕의 부활을 마치면서

인류는 한 뿌리에서 갈라져 나왔다. 하나의 생각, 하나의 사상이 분화되면서 다양성이라는 가지를 치게 되었고, 문명이라는 꽃도 피웠다. 하나의 뿌리가 질서적인 속성이라면, 다양한 모양의 가지는 자유에 해당된다. 이렇게 인류는 질서와 자유, 분열과 통합, 수축과 확장을 반복해왔다. 문명은 여러 번의 시행착오를 거치면서 더욱 세련되고 단단한 나이테를 두르게 되었다. 인간도 마찬가지로 지구에 내려와 시행착오를 바로잡으며 영혼의 나이테를 두른다.

인간을 움직이는 보이지 않는 영혼의 주체가 있듯이, 이 지구도 보이지 않는 통합된 영이 움직이고 있다. 지구의 진화발전은 이 통합 영의 목적성과 방향대로 흘러간다. 내가 아무리 내 의지대로 발버둥 친다 해도 인류는 가야 할 방향이 정해져 있다. 그렇기에 각자의 인생은 큰 흐름 속에서 작은 흐름을 만들면서 전체 흐름에 이바지하고 있다.

우리가 좀 더 거시적으로 생각해보면, 자신의 인생은 더 큰 흐름의 소용돌이 속에서 함께 움직이고 있다는 것을, 이 책을 끝까지 읽은 독자라면 눈치를 채게 될 것이다. 예를 들어 국가적 흐름에 개인의 흐름이 영향을 받는다. 전쟁이나 IMF와 같은 사태는 큰 흐름의 맥락이고, 각각의 개개인은 이러한 흐름 속에서 어떤 이는 사업을 하다 망하여 인생의 나락으로 떨어지기도 하고, 어떤 이는 위기 속에서 성공을 거두기도 한다.

자신의 운은 전체 운 속에서 때를 기다리기도 하고, 꽃을 피우기도 한다. 초년에 운이 만개하여 피는 사람도 있고, 말년에 운이 대통하는 사람도 있다. 이것은 철저히 전체 운과 개인 운이 잘 맞아떨어질 때 얻을 수 있는 복이기도 하다.

전체를 움직이는 보이지 않는 힘을 신이라 표현한다면, 우리의 의식 속에서 만들어낸 신들은 어쩌면 인간 무의식이 만들어낸 공통의 신으로서 작용하는지도 모른다. 인간의 의식이 만들어낸 신은 다시 인간을 지배하는 상황으로 결쳐진다. 즉 신이 인간을 만드는 것이 아니라, 인간의 의식이 신을 만들어내는 것이다.

무형의 신에너지를 형상화하여 나타낸 것이 신화 속에 등장하는 신들이다. 아버지를 상징하는 신, 어머니를 상징하는 신, 사랑을 이어주는 신, 물을 관장하는 신, 돈을 관장하는 신 등, 수많은 신은 인간의 의식에 의해 탄생된 에너지 형태이다. 이러한 신들이 살아 숨 쉬는 것은 인간의 의지와 힘에 달려있다.

인간 의식이 모이고 모여 전체 통합 영을 만들어 내는 것이다. 비슷한 관습, 비슷한 생각을 공유하는 국민끼리 비슷한 감정적 정서를 공유하면서 만들어내는 국가 신도 있다. 인간의 의식이 만들어낸 신은 생명력을 발휘하고, 마치 살아있는 신처럼 인간의식을 다시 이끌어간다.

이 책에서 언급한 환인, 환웅, 마고, 치우, 단군 등은 우리나라에서 오랜 시간 신으로 추앙받던 신들이다. 오랜 시간 비슷한 생각과 비슷한 관습 속에서 탄생된 우리만의 신의 형태이다. 서양의 모든 신도 우리나라에 들어오면 우리나라의 신들과 통합되어 버린다. 그래서 외국의 종교도 우리나라에 들어와서는 우리나라만의 고유한 방식으로 변형되어 재탄생된다. 부처도 예수도 모두 무(巫)와 연결되어 우리나라만의 고유한 에너지장을 형성해 나간다.

한반도는 소도와 같은 곳이다. 예로부터 대륙의 왕족들이 죽음을 피해 숨어들어오는 곳으로, 산들에 둘러싸여 있어서 숨기에 최적의 조건을 형성하고 있었다. 산들이 방파제 역할을 해주고 산의 보호를 받으며 거처할 수 있는 가장 안전한 곳이다. 우리나라는 농사를 짓기에는 척박한 땅이나 도를 닦기에는 최적의 땅이 된다.

또한, 오랜 시간 외부와 문명을 철저히 차단한 채, 우리만의 고유의 에너지 색깔을 유지해 왔고 씨를 이어왔으나, 우리 민족이 세계로 나갈 즈음이 되어서는 다른 나라보다도 더 크게 단련을 시켰다.

전쟁을 통해서 변화하라고 시그널을 계속 주었으나, 오랜 시간 터에 뿌리를 깊게 내리고 있던 탓에 변화가 어려웠던 민족이기도 하다. 그래서 임진왜란, 병자호란을 거쳐, 일제 강제병합까지 수많은 외세의 침략 속에서도 아슬아슬하게 씨를 이어왔고, 6·25전쟁으로 아무것도 없어진 상태가 되어서야 비로소 변화를 모색하기 시작했다.

이때부터 외국의 사상과 문물을 받아들이면서 대한민국은 빠르게 흡수하고 빠르게 발전시켜 나갔다. 반면에 북쪽은 아직도 오랜 에너지 상태를 그대로 이어오는 마지막 저항지이다. 북쪽이 언제까지 버티느냐 하면 바로 남한이 다 성장할 때까지이다.

성장이 이루어질 때는 수직으로 움직이고, 성장이 멈추면 수평으로 움직인다. 성장이 이루어질 때는 질서가 힘을 발휘하고, 성장이 멈추면 자유가 힘을 발휘한다. 성장이 이루어질 때는 힘을 하나로 모아 끌고 가는 리더가 나타나고, 성장이 멈출 때는 의식을 분열시키는 분열가가 나타난다. 성장이 이루어질 때는 남성이 힘을 받고, 성장이 멈추면 여성이 힘을 쓴다. 그래서 성장이 이루어지고 나면, 복지를 외치는 것이다. 이렇게 문명은 성장, 분열을 반복하면서 세로로 자라고, 가로로 확장한다.

인류의 전환점이 0에서 다시 시작된 시점은 바로 1, 2차 세계대전이다. 그동안 인류는 계급이 존재했고, 지배자와 피지배자가 존재하였으며, 타고난 태생에 따라 역할이 맡겨지는 숙명적 인생을 살 수밖에 없는 환경이었다면, 전쟁은 이 모든 것들을 변화하게 만들었다. 태생이 고귀한 사람도 태생이 빈천한 사람도 자신의 능력만 있으면 언제든 성공하는 길이 열린 새로운 세계가 열린 것이었다. 모든 출발선을 동등하게 만들어 놓은 것이 바로 전쟁이다.

1, 2차 세계대전은 신의 전지작업이었다. 이 시기에 수많은 사람들이 죽어 나갔고, 씨를 담을 가문과 끊을 가문이 결정되었으며, 인연의 재정비가 이루어진 때였다.

이 시기에 인연과 인연이 헤어지고 이동하였으며, 전 세계가 쑥대밭으로 바뀌어버렸다. 새로운 생각, 새로운 사상들이 봇물처럼 쏟아져 나온 시점이기도 하다. 인간 개개인으로 보면 많은 한과 카르마를 발생시킨 시점이지만, 큰 그림에서 보자면 새로운 판을 깔기 위한 신의 전지작업이었다.

신의 전지작업은 크게 독일과 일본에 검을 준 형국이었고, 이 두 나라는 서양과 동양에서 대륙을 향해 압박을 가해오고 있었다. 그동안 안주하고 있던 나라들은 전쟁의 흐름 속에서 서둘러 변화를 모색하기 시작했다. 이때 비로소 동양은 서양의 문물을 받아들이고, 서양의 생각을 이해하기 시작했으며, 서양의 기술문명을 배우고자 하였다.

1, 2차 세계대전은 물질판을 깔기 위한 하나의 작업이었고, 그 결과 인류는 물질문명을 크게 발전시킬 수 있었다. 물질문명을 발전시킬 지구 문명적 아젠다가 서양에게 주어졌기 때문에 신은 서양에게 힘을 실어주었던 것이다.

문명의 물질 판은 온갖 실험을 거치면서 인류의 피와 땀으로 세워졌다. 이때 생긴 한은 인간의 감정에 구멍을 내었지만, 결핍은 곧 추력이 되어 인류를 끌고 나가는 힘이 되었다. 인간은 외부에서 자극이 들어오지 않으면 스스로 움직이지 않는다. 자극은 인간을 극한으로 몰지만, 인간의 잠재력을 끌어내는 원동력이 되기도 한다. 전쟁의 극한은 인간 잠재력의 극한을 끌어내었고 저마다의 창의력을 발휘하여 지금의 세상을 만들어냈다.

1, 2차 세계대전은 세계를 재편하였고, 앞으로의 스케줄까지 결정지

어졌다. 국가와 국가가 나뉘고, 새로운 리더들이 등장했다.

이 시기에 먼저 성장해야 할 나라와 뒤에 성장해야 할 나라가 정해졌고, 먼저 성장할 나라는 민주주의 체제를 도입했으며, 뒤에 성장해야 할 나라들은 공산주의로 묶어 두었다.

중국, 소련, 북한은 모두 뒤에 성장해야 할 나라들로, 공산주의 사상은 의식을 개화시키는 것이 아니라 의식을 묶어두는 역할을 했다.

세계는 물질 판이 모두 깔렸고 성장이 멈춘 상태이다. 이제는 새로운 사상, 새로운 생각이 인류의식을 변화시켜야 하는 시기로, 현재 만들어진 물질의 바탕 위에 정신이라는 옷을 입혀야 하는 시대로 접어들었다. 마치 육체에 혼을 불어넣듯, 물질에 정신의 혼을 불어넣는 시대로 변하고 있다.

마지막까지 의식을 모두 틀어막고 버티고 있는 북한이 남아있다. 그동안 눌려왔던 통제를 풀어내는 순간, 그 에너지는 폭발적이다. 마치 로켓을 발사할 때 폭발적인 힘이 로켓을 대기권 밖으로 쏘아 올리듯, 북한은 마지막 남아있는 에너지 응축체이다. 남한은 이미 성장을 멈추었고 에너지 분배가 이루어지고 있으며, 남한 또한 통일이라는 이벤트가 없으면 살아나 갈 방법이 없다.

남과 북이 갈라지고, 좌와 우가 갈라져 마치 십자가처럼 사방으로 의식이 나누어져 있는 곳이 바로 이곳 한반도이다. 전선이 형성되어 있는 곳이 바로 이곳이며, 전선은 한순간에 붕괴되어 태풍의 눈을 만들 수 있다. 태풍의 눈이 형성되는 곳에 세계의 의식이 모이게 될 것이며, 세계가 집중하게 될 것이다.

이 책에서는 한민족에 대해 긍정적이고 희망차게 언급했지만, 전제가 하나 달린다. 우리 각자 의식이 바뀌지 않는 한, 그 자리에 머물러 있는 한, 피해의식에 사로잡혀 남 탓, 사회 탓, 국가 탓만 하는 한, 우리의 장래는 그다지 밝지 않다. 서로 물어뜯고 시기 질투하며 깎아내리려 한다면 우리에게 미래는 없다. 함께 자멸의 길로 가는 수밖에 없다.

한민족이 리더국가가 되어 세계의 모범국가가 되려면, 무엇보다 성숙한 의식이 선행되어야만 가능한 일이다. 성숙한 의식이 장착될 때, 국민 개개인이 분별이 생기고 좋은 리더를 볼 수 있는 안목이 생기는 법이다. 아무리 뛰어난 영웅이 나왔다 하더라도 사람을 볼 줄 아는 안목이 없으면 보석도 돌처럼 보이는 법이다.

통일은 인류에게는 새로운 기회이다. 모든 전쟁을 종식하고 세계 단일화를 이룰 수 있는 하나의 계기를 만들어주는 이벤트이다. 그러나 통일의 과정은 험난하다. 전쟁의 위기가 감돌 수도 있고 인류가 혼란에 빠질 수도 있는 핵폭탄 같은 상황을 내포하고 있기 때문에 신중하게 접근해야 할 문제이기도 하다.

그러나 통일이란 남북한의 통일처럼 보이겠지만, 세계가 하나로 통할 수 있는 계기를 마련해 줄 것이다. 이러한 때에는 지도자의 역할이 무엇보다 중요하다. 중국, 미국, 러시아, 일본 등 강대국에 둘러싸여 복잡미묘한 관계를 형성하고 있는 이 한반도의 리더는 그 어떤 지도자보다도 강하고, 분별 있고, 미래의 비전을 내놓을 사람이 필요하다. 열강들과 붙었을 때 기운으로도 밀리지 않고, 지혜롭고 현명한 담판을 이끌어낼 수 있는 통찰력과 더불어, 한반도뿐만이 아닌 인류에 대한 비전을 제시할 수 있는 사람이어야 한다.

난세에 영웅이 탄생한다고, 이러한 시기에 통일을 이끌어갈 새로운 지도자가 출현되기를 기대해 본다. 그 옛날 대륙을 호령하던 전쟁의 신 치우천왕처럼 인류를 사랑하고 인류를 바르게 이끌어 갈 지도자가 절실히 필요한 시간이다.

지도자가 훌륭히 자기 일을 하려면 많은 재능 있는 사람들이 나와 줘야 한다. 지도자 혼자 일을 칠 수 있는 것도 아니고, 각자 자신들의 재능을 들고나와 줘야 가능한 일이다. 앞으로 준비된 통일 세대들이 각자의 재능을 들고나와 주길 바라며, 치우천왕의 부활이란, 이 시대를 이끌어갈 새로운 리더의 부활이기도 하다.

/ 참고문헌 /

《길가메시 서사시》 N.K. 샌더스, 이현주 번역, 범우사1999
《대쥬신을 찾아서》 김운회 저, 2006
《부도지》 박제상 저, 윤치원 편저, 대원출판사2002
《블랙아테나》 마틴 버낼 저, 오흥식 역, 소나무2006
《산해경》 예태일, 전발평 저, 김영지, 서경호 역, 안티쿠스2008
《샤먼제국》 박용숙 저, 소동2010
《수메르 혹은 신들의 고향》 제카리아 시친 저, 이근영 역, 이른아침2006
《수메르 신화》 조철수 저, 서해문집2003
《수메르, 최초의 사랑을 외치다》 김산해 저, 휴머니스트2007
《신화는 수메르에서 시작되었다》 김산해 저, 가람기획2003
《성배와 잃어버린 장미》 마가렛 스타버드 저, 임경아 역, 루비박스2004
《이집트 사자의 서》 서규석 저, 문학동네1999
《역사》 헤로도토스 저, 천병희 역, 숲2009
《치우천왕》, 《부여사》 김산호 저, 다물넷2005
《텔리즈먼 이단의 역사》 그레이엄 핸콕, 로버트 보발 저, 오성환 역, 까치2006
《한단고기 (삼성기, 단군세기, 북부여기, 태백일사)》 계연수 저, 임승국 편저, 정신세계사 1986
《The Thirteenth Tribe》 by Arthur Koestler
《History begins at sumer》 by samuel noah Kramer
《The Jews of Khazaria》 by Kevin Alan Brook
http://www.khazaria.com/